AF455938

Lith. de D. Baltzer à Strasb.g

FONTENOY-LE-CHATEAU

Vue prise du côté de la Haute-Saône.

# BAINS

ET

# LES ENVIRONS,

AVEC GRAVURES,

PAR

E. DAUBIÉ,

Professeur de Physique et de Chimie.

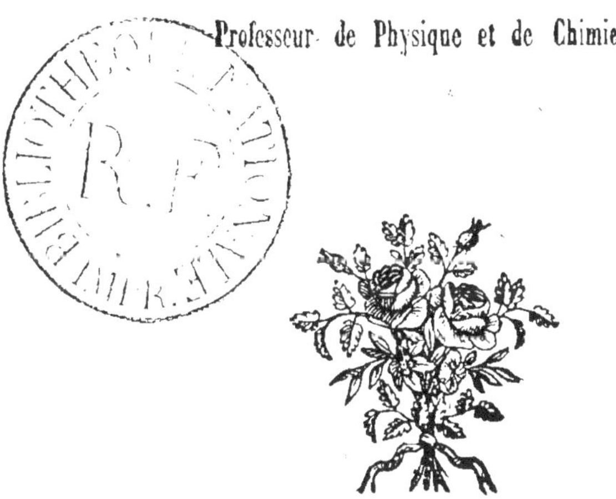

SAINT-DIÉ,

IMPRIMERIE DE ED. TROTOT.

—

1850.

# TABLE.

CHAPITRE Ier.



CHAPITRE II.

**Bain des Promenades.**



CHAPITRE III.

**Bain Romain.**



CHAPITRE IV.

**Promenades.**



CHAPITRE V.

CHAPITRE VI.

**Moulin-au-Bois.**



CHAPITRE VII.

**Manufacture.**



CHAPITRE VIII.

**Fontenoy-le-Château.**

# BAINS

ET

# LES ENVIRONS.

## CHAPITRE PREMIER.

**I. Notions historiques sur Bains. — II. Source de la Vache. — III. Caractère. Croyances les plus communes.**

### I.

Quatre routes conduisent les baigneurs à Bains : s'ils sont partis d'Epinal, ils ont fait 25 kilomètres; si de Vauvillers, 17 kil.; si de Mirecourt, 53 kil.; la quatrième route est difficile, peu fréquentée; elle borne l'horizon au sud-est par une côte longue et rapide. Dans cette direction, à 3 kilomètres, on trouve un étang très-vaste, l'étang des Trémeurs. Au bas de la chaussée jaillit une source ferrugineuse, abondante. Sa saveur et un dépôt jaunâtre très-considérable ne laissent aucun doute sur la propriété de cette eau.

Au sud-ouest, à 150 mètres, il y a une autre source peu remarquée, dans laquelle l'analyse vient de montrer des sels qui la rendent salutaire dans les affections de la vessie, contre les calculs des organes urinaires. Elle sourd dans un fossé creusé entre le bois et les prés, à droite du chemin qui part de l'étang des Trémeurs, et conduit au village voisin, appelé Trémonzey, parce qu'il est entouré de 3 monticules.

Bains est situé dans une vallée très-agréable, ressemblant à une vallée de dénudation, allant du nord-est vers le sud-ouest à 53 d. 3359 de latitude, à 4 d. 3655 de longitude. Le sommet du clocher a 366 mètres au-dessus du niveau de la mer. Bains est divisé en deux parties par une petite rivière, le Bagnerot. D'un côté, c'est le Charmois; de l'autre, la ville.

Elle tire son nom de *balneum*, et remonte à une époque bien reculée, puisqu'en 1752 M. Baligand, ingénieur en chef des ponts et chaussées, faisant travailler à la recherche de la principale source de l'ancien bain qui était déviée, fit faire une grande excavation sous le mur au nord, et découvrit, à 8 pieds au-dessous du niveau naturel du terrain, une pierre de 60 cent. de diamètre posée sur la source, et portant des marques d'une grande antiquité. Cette pierre était percée verticalement, et la source sortait par l'orifice supérieur. Quoiqu'on l'eût défendu, les ouvriers l'enlevèrent pendant la nuit, et trouvèrent dessous environ 600 médailles romaines en moyen bronze avec quelques médailles grecques. Beaucoup étaient souillées. On les gâta entièrement en les passant au feu. Les autres furent dispersées par les ouvriers et sont perdues. Ainsi ces lieux ont été habités par les Romains.

De plus, à quelques kilomètres, un ancien pont en ruine, sur le Coney, est un autre indice de leur passage dans cette contrée.

Quelques années avant 1823, dit M. Levaillant de Bovent, ancien ingénieur en chef des Vosges, les culées de ce pont avaient trois mètres au-dessus du sol. Elles ont été réduites à un mètre, et vont aboutir au pied de deux pentes très-rapides.

C'est un ensemble, ajoute-t-il, de blocs de grande dimension, soignés dans leur taille. Tous portent dans leur centre l'entaille appelée *louve* ou *coche*, au moyen de laquelle les anciens mettaient facilement ces masses en place. Presque tous offrent en outre un trou vertical destiné à contenir des crampons de fer. Le lit de la rivière est pavé sous le pont de grandes dalles de pierre assez bien conservées.

Ces ruines sont près de Gruey, Haumougey et Harsault, villages qui ont conservé la simplicité des aïeux avec l'ancien costume auquel nous sommes habitués, mais qui excite l'étonnement et pique la curiosité des étrangers.

A quelque distance, aussi sur le Concy, est un autre pont très-ancien nommé le Pont-des-Fées, sous lequel on trouve un écho assez remarquable pour amuser quelques instants. Cette construction antique, les forêts et la solitude qui l'entourent : tout porte l'imagination à en faire un lieu de mystères. Delà bien des contes de revenants, ou d'assassinats nocturnes.

La voie romaine qui passait dans ces lieux communiquait probablement avec celle qui vient de Corre, va à Passavant, près de la ferme Thomas et de la verrerie de Planchotte, traverse le Madon à sa sortie d'Escles, parcourt le territoire de Ville-sur-Illion, s'étend sur celui de Bouzemont, Vaubexy, Gugney, pour atteindre la Moselle au-dessus de Charmes, où elle rejoint la grande voie de Bâle à Metz.

M. Levaillant de Bovent, dans sa notice sur les antiquités de Bains, lue à une séance de la société d'Emulation le 30 septembre 1823, donne les détails suivants.

« D'après une vieille tradition, le bourg de Bains,
« ruiné jadis par les guerres et les pestes, n'occupait
« pas la même place qu'aujourd'hui. Il était bâti à 7 à
« 800 mètres plus loin au sud-ouest, dans l'endroit où

« on voit une fontaine voûtée et où on entend raisonner le bruit des voitures, comme si elles passaient « sur des souterrains. »

On sait peu de chose sur l'histoire de la ville de Bains. On lit dans la France pittoresque, qu'en 1498 un incendie la réduisit en cendre; qu'en 1682 un tremblement de terre en renversa une partie. Ce tremblement de terre fut ressenti dans toute l'étendue des Vosges le 12 mai de cette année 1682. Sa violence fut aussi bien grande à Remiremont, où il lézarda plusieurs murs. On ajoute qu'en 1771 une inondation ensevelit bien des maisons, mais c'est probablement celle du 25 octobre 1778. Cette inondation fut très-grande à Epinal, et on en conserve le souvenir sous le nom de déluge de S^t-Crépin. L'eau emporta les ponts de cette dernière ville, et renversa beaucoup de bâtiments. On est certain qu'en 1594 elle était du baillage des Vosges. Ce gouverneur appelé bailli avait le haut pouvoir sur les autres officiers. C'était un seigneur chargé du commandement des troupes et de l'administration de la justice et des finances.

Sous son autorité étaient plusieurs prévôts nommés par lui. Ces prévôts étaient néanmoins encore bien puissants, puisqu'ils étaient chargés des affaires civiles et criminelles entre leurs justiciables, et par appel des sentences rendues dans les justices des seigneurs de leur ressort. Bains était à la même époque de la prévôté de Bruyères.

En 1710 il a été du baillage d'Epinal, prévôté d'Arches; en 1751, du baillage de Remiremont, de la maîtrise d'Epinal : ce qui signifie que c'était là surtout que la haute justice était rendue à ses bourgeois, et qu'ils recevaient delà les règlements judiciaires. Toujours il a eu les us et coutumes de Lorraine. En 1790, du district d'Epinal et chef-lieu de canton.

Il paraît que Bains était une des terres où le grand prévôt était le plus absolument maître, les seigneurs inférieurs ne pouvant prétendre à une part égale de juridiction. Le prévôt réglait toutes les affaires de justice et de police, et ses ordonnances étaient toujours reçues des seigneurs et sujets sans contredit.

Sur sa demande, on convoquait des plaids (assemblées), des officiers de la justice et des vassaux que l'on bénissait selon l'usage. Le grand doyen, qui était plus que notre maire, chef de la justice et de la police, y était non pas élu par le peuple, mais imposé par le prévôt, ainsi que le procureur d'office et le greffier.

Le prévôt inspectait les poids et mesures, et punissait ceux qui en mésusaient. Les épaves, confiscations, amendes, entrée de ville, permissions de pêcher, amendes de bois et tous les émoluments de haute, de basse et moyenne justice étaient à lui.

Il y avait en la seigneurerie de Bains prisons, ceps, carcan et gibet pour les criminels que la haute justice avait condamnés sous l'autorité du grand prévôt.

Ainsi on y voit régner la féodalité dans toute son extension, et ces délégués de l'Etat semblent avoir eu un pouvoir sans borne.

Cependant, quoique l'on ne trouve rien dans les archives de la province, plusieurs prétendent que cette autorité était limitée par une ordonnance que l'on peut lire dans les archives de cette ville. C'est une Charte qui lui aurait été donnée au 14e siècle.

Elle porte le titre de Charte de franchise de la ville de Bains ; mais elle est sans date et n'a pas été probablement exécutée en tout point. Nous n'en citerons donc que quelques articles ; on peut la lire en entier dans la statistique des Vosges, publiée par MM.

Lepage et Charton en 1845, ouvrage qui a été d'une grande utilité pour cette brochure.

CHARTE DE BAINS.

*Cy sont les droits et usages du ban de Bains :*

1° *Quand ly prévost veut mander un plaid à Bains, y le mande au doyen et ly doyen le fait assavoir es Seigneurs.*

2° *Ly Prévost taixe la taille au Doyen. Se ainsi estait que ly Prévost les taxait trop, les Prodommes ont leur retour au Chaapistre de l'Eglise de Remiremont et y puellent les amander, si elles voient qu'elle soit troup grande.*

3° *Peut être le plait racheté par l'accord des Seigueurs.*

4° *Nul n'y soit franc de taille ne d'office, sy n'est prebstre ou clerc.*

5° *Ly doyen doit commander aux bolengiers, aux taverniers, aux charcutiers qu'ils soint garnis pour le plait.*

DROITS DES BOURGEOIS.

1° *On ne doit pas panre homme en la ville, ne au ban de Bain, sese nait fait de crimme.*

2° *Les Bourgeois du ban de Bains qui veulent maçonner et édifier au dit ban y puellent panre 4 tisons (poutres).*

3° *Les dits Bourgeois de Bain puellent tendre herbiers (piéges, lacs) gros et menu et panre toute beste salvaige en donnant une partie des grosses bestes.*

4° *Doit aller le Curé au bois bannal pour son caffuaige (affouage) sen dangier, et puet paichier le dit Curé en rivière bannale lui et son Clerc pour son deffrut (usage).*

Cette phrase de la charte : (*l'eau bannale de la commune (le Bagnerot) coule depuis le moulin de l'hôpital jusqu'au gué de la Sachette*), doit faire conjecturer, dit M. Richard, qu'à cette époque 1340, ou dans un temps antérieur, il existait, dans cette ville ou auprès, des religieuses à qui on avait donné le nom de Sachettes, à cause de leur habit en forme de sac.

Nous avons vu quelle était la dépendance de Bains au civil. Au spirituel cette ville avait un Doyen ou Curé, qui relevait du grand Doyenné de Remiremont, avait quelques redevances envers le chapitre de cette ville, et devait par an au domaine, pour droit de garde, un resal, un bichet, 3 pots, une chopine de seigle et autant d'avoine. Ce chapitre nommait à la Cure, qui depuis a été du diocèse de Toul et maintenant de celui de Saint-Dié.

L'ancienne église, disent Durival et Dom Calmet, datait d'une haute antiquité et était au haut du bourg. On y voyait, ajoutent-ils, des divinités payennes qui avaient été retaillées pour en faire des statues des saints de notre sainte religion. Cette église a été démolie et reconstruite vers le milieu du siècle dernier. Elle a été bien réparée il y a quelques années. Comme l'ancienne, elle a pour patron S. Colomban, Irlandais, fondateur et premier abbé de l'abbaye de Luxeuil.

Hesseln rapporte que Bains possédait autrefois un château, dont il ne reste plus que le souvenir, et un hôpital assez considérable, dont les revenus étaient employés à faire dire une messe tous les samedis, et à procurer des bains et des soins gratuits aux pauvres étrangers. Maintenant ce n'est plus que pour ce dernier usage. Ces secours sont donnés pour la plupart dans la maison élevée, il y a quelques années.

Outre ses eaux minérales, Bains a plusieurs fontaines abondantes. Sa principale rue est pavée et bien propre surtout depuis l'administration du Baron Girard et de M. Poirot. Il y a une maison de ville, des prisons, une salle d'asile, des écoles bien tenues, un pensionnat que dirigent avec habileté et succès les sœurs de la providence.

Bains, Darney, Xertigny et Plombières ont eu leurs campagnes ravagées par la grêle le 29 mai 1807. Dans moins d'un quart d'heure elle causa de grands dommages.

On trouve au cimetière la tombe de M. l'abbé Basanjon. Il est né à Bains le 15 juillet 1753, mort le 17 mai 1833. Ordonné prêtre en 1780, il professa les humanités au séminaire de Poitiers, ensuite la théologie à celui de la Rochelle, dirigea le séminaire de Nancy pendant les années 1783 et 1784, puis passa dans ceux de Paris et de Versailles, où il se chargea de plusieurs classes en 1785 et 1786. Il émigra en Allemagne, où il exerça sa bienfaisance envers de malheureux prisonniers français. Il fut principal du collége d'Epinal, et légua en mourant une somme de 2,000 francs à l'hospice de Bains. On peut lire une notice sur la vie de cet ecclésiastique dans le cahier de 1834 des annales de la société d'émulation, dont il était membre distingué.

M. Lévy a fondé, à Bains en 1837, un établissement pour la fabrication des pointes, qui consomme par an environ 60,000 kilog., coûtant 40,000 francs. Il produit 59,000 kilog. de pointes, dont la valeur est de 50,000 francs.

## II.

A gauche du Bagnerot au Charmois, près du pont, est une source chaude, laxative, appelée source de la Vache. En travaillant à son rétablissement en 1750, on trouva sur une roche une médaille de Néron, une de Vespasien, et quelques autres. Maintenant elle est entourée de murs, et libre à chacun d'aller en boire dans ce petit cabinet en pierre de taille, où l'on est à l'abri des injures de l'air.

Les médecins la conseillent beaucoup. Tous prétendent qu'elle excite l'appétit et les urines, et favorise la digestion. Depuis longtemps on a remarqué que son usage continuel est nuisible à l'émail des dents; aussi doit-on mâcher un peu de pain après en avoir bu. C'est une observation faite par le docteur Thiriat, et répétée par M. Chevalier. On la boit seule, ou on la coupe avec du lait; on peut l'édulcorer avec un sirop adoucissant.

En voici l'analyse, par litre :

| | | |
|---|---|---|
| Sulfate de soude....... | 0 gram. | 102 m. |
| Chlorure de sodium..... | 0 | 156 |
| Carbonate de chaux.... | 0 | 028 |
| Silice................. | 0 | 093 |
| Oxyde de fer.......... | 0 | 002 |
| Matière organique..... | une petite quantité. | |
| | 0 gram. | 361 m. |

III.

Terminons ce premier chapitre par quelques mots sur le caractère des habitants, sur les croyances les plus communes, non seulement à Bains, mais dans les environs.

Les habitants ont des mœurs bien douces et bien polies. Ils sont intelligents et actifs, aiment autant les travaux des champs que ceux de l'industrie; ils sont surtout très-prévenants et très-hospitaliers. On n'a jamais dit qu'il y avait exagération dans les prix exigés par les personnes qui font le métier de loger et nourrir les baigneurs. Il y a dans la commune 2,608 habitants; 1,505 aglomérés; dans le canton 12,244, d'après le recensement de 1846.

Voici quelques-unes des croyances, commençant

à disparaître dans la ville, que l'on trouve surtout à la campagne.

Le nombre 13 n'y a pas perdu son caractère sinistre, ainsi que le vendredi et la salière renversée.

On pense que si, le dimanche de la Trinité, on monte sur une des collines qui dominent la vallée, on voit trois soleils paraître à l'horizon. Ce phénomène pourra se présenter ce jour comme dans d'autres circonstances et s'expliquer naturellement.

Ainsi des physiciens ont remarqué quelquefois une colonne lumineuse avant que le soleil ne parût. Elle était tellement éclatante qu'ils la prirent pour le soleil lui-même. C'étaient les rayons de l'astre réfractés par la vapeur d'eau, ou par les gouttes de rosée. Le soleil se leva ensuite au-dessous avec une autre colonne cylindrique comme la première. Les trois soleils étaient parfaitement semblables; seulement le véritable avait plus d'éclat. Ce phénomène durait pendant plus d'une heure.

Les diseurs et diseuses de bonne aventure sont encore en honneur, et font des promesses d'autant plus belles qu'ils espèrent une somme plus considérable.

Les fées n'ont pas perdu leur réputation d'adresse et de malice. Ainsi le pont de Concy porte encore le nom de Pont-des-Fées. Cette croyance si ancienne est entretenue par les fables et les veillées d'hiver, et surtout par de vieux livres vénérés et lus dans les forges d'une manière toute particulière.

Le grillon ou grillot, nommé encore cricri à cause du bruit incessant produit par ses élytres, se loge sous les pierres chaudes de l'âtre, et est regardé comme un hôte sacré qui porte bonheur au foyer domestique. Voici comment il fait tant de bruit :

Il a sous les aîles une petite membrane sèche qui se plie comme un éventail; elle tient au tendon d'un muscle qui se contracte et s'allonge. L'air, chassé dans la contraction avec beaucoup de vitesse et à différentes reprises, revient dans la dilatation. Une main adroite peut renouveler sur un grillon tué ce son clair, perçant; mais dont l'uniformité endort plutôt qu'elle ne réveille.

Enfin, disons un mot du feu follet assez commun dans la vallée de Bains et la plaine de Fontenoy.

Tout le monde sait qu'on donne ce nom à de petites flammes rondes ou coniques, ordinairement de la même grandeur que la flamme d'une chandelle. On en voit quelquefois de plus larges qui ressemblent à un cylindre enflammé de 4 à 5 mètres d'élévation. Ces feux jettent souvent une lumière plus vive que celle d'une bougie. Ils brillent moins quand on les regarde de près que de loin. On les voit voltiger dans l'air, mais à peu de distance de la surface de la terre, souvent portés sur le cours d'une rivière parce que l'air y est agité; mais en général allant au gré du vent, ils ont un mouvement irrégulier.

Les voyageurs rapportent que ces feux sont très-fréquents en Espagne et dans l'Ethiopie, où ils brillent pendant toute la nuit comme de véritables étoiles. Quelquefois, surtout dans la Palestine, venant à se développer, ils enveloppent toute une compagnie de voyageurs de lumières, qui ensuite vont s'étendre sur les sommets des montagnes voisines.

Il ne faut pas s'étonner si les habitants ont vu dans ces feux des âmes errantes, de malins esprits qui cherchent à nuire aux voyageurs, et à les précipiter dans les fossés, les étangs et les ruisseaux.

Nous disons d'abord que ces feux sont formés par du gaz hydrogène phosphoré, et voilà pourquoi ils laissent souvent une odeur de phosphore. Ce gaz, produit dans la terre par la putréfaction de certaines matières animales ou végétales, s'enflamme au sortir des fissures par lesquelles il s'échappe.

Si ces feux suivent ceux qui les évitent, et précèdent ceux qui courent après eux, c'est que, lorsqu'ils précèdent une personne qui marche, ils sont poussés en avant par l'air que cette personne agite devant elle ; et lorsqu'ils sont derrière elle, ils viennent avec le vent occuper la place qu'elle abandonne en marchant.

Ils sont inoffensifs ; et en Hollande, pays marécageux, où ils sont fréquents, on n'a jamais dit qu'ils aient noyé quelque personne.

On raconte aussi dans les environs de Bains bien des fables sur un autre feu, *ignis lambens*, des latins ; petite flamme que beaucoup assurent, avec grand effroi, avoir vue sur la tête des enfants, sur la peau des chats, ou la crinière des chevaux. Il n'y a rien de plus naturel ; c'est la combinaison des fluides électriques qui peuvent être développés surtout par le frottement dans les cabinets de physique, et qui sont produits continuellement dans l'atmosphère, non seulement par le frottement, mais l'évaporation, la transpiration des plantes et la combustion.

## CHAPITRE II.

### BAIN DES PROMENADES.

**I. Histoire, description. — II. Analyse des eaux. — III. Mode d'action. — IV. Douches.**

#### I.

Désirez-vous avoir l'eau limpide? Avant 5 heures du matin, il faut vous trouver à la porte de l'établissement, attendant l'ouverture de cette piscine salutaire. Aujourd'hui c'est au bain des promenades, appelé bain neuf; nom qu'il commence à perdre depuis les réparations faites à l'ancien. Il est situé près du ruisseau, aux lieux où l'on voyait les vestiges d'un ancien bain, appelé Casquin.

On a prétendu à tort que cette dénomination lui venait par corruption de Tarquin. En ancien langage des Sabins, *cascus* signifie ancien ; ainsi le bain Casquin pourrait signifier l'ancien bain. On peut aussi, dit D. Calmet, le dériver de *cado*, je tombe ; d'où vient cascade, une chute d'eau.

Il était bien négligé, et les eaux n'étant pas réunies se perdaient dans la terre. Mais en exécution d'un arrêt de Stanislas du 4 mars 1750, les Seigneurs du lieu en firent rechercher les sources avec beaucoup de soins. Dans les recherches de bien des années, on trouva trois sources, auxquelles on joignit plus tard une partie de la plus chaude du bain vieux. On construisit un bâtiment. Un arrêt du conseil de Lorraine, provoqué sans doute par de Caste, médecin du roi, daté de 1753, ordonna qu'autour on éleverait des maisons.

En 1774 on fit encore des changements avantageux.

Un autre arrêt du conseil de Lorraine du 24 novembre 1757 ordonna que la chambre, ouverte en pavillon au-dessus de la principale source, appelée grand bain, serait convertie en chapelle.

On éleva successivement l'établissement, y plaçant des bassins plus grands, plus commodes que ceux de l'autre; et il porta le nom de bain neuf.

Une salle immense et bien éclairée, terminée d'un côté par des cabinets à baignoires, de l'autre par les douches, renferme trois bassins, pouvant contenir près de 150 personnes, qui, de temps immémorial, y vont chercher ensemble le soulagement et la joie. Cette réunion bruyante de différentes conditions et de différents sexes n'a pas donné lieu jusqu'alors à des nbus; tous sont vêtus décemment, et à la moindre légèreté éleveraient la voix pour flétrir l'étourdi.

Ces eaux de 25 à 30 degrés s'évaporent sans cesse. Il fallait une issue à cette vapeur constamment formée. On a laissé des ouvertures aux quatre coins de la partie supérieure qu'occupent, non pas un plafond, mais des planches que l'eau attaque en s'insinuant dans leurs pores, par lesquels elle s'échappe.

Toutes les portes sont parfaitement vernies; et si la vapeur s'y condense, elle ne les pourrit pas, ne pouvant les dilater, comme elle le ferait sans cette substance avec laquelle les pores sont bouchés.

Vous arrivez enveloppé dans un manteau pour être à l'abri de la fraîcheur du matin. Un domestique vous a précédé; il se retire pour revenir dans 1 ou 2 heures vous apporter du feu et chauffer votre linge.

Vous êtes soumis, trouve-t-on dans le règlement, à un bain de propreté. On se rend à cette invitation; ne resterait-on en baignoire que quelques minutes, pour descendre ensuite au bassin dans lequel on peut prendre le plus profond, ou se tenir debout, ou s'asseoir sur les degrés.

Le médecin vous désigne le bassin où vous devez baigner.

Pour les jeunes gens, les maladies de nerfs, les maux d'estomac, on indique le tiède de 25 à 26. Le tempéré a 27 à 28. Le chaud 29 est réservé aux rhumatismes et aux vieillards.

Ces bassins sont remplis par trois sources :

1° La tiède; 2° la tempérée, sortant toutes les deux du jardin de M. Falatieu; 3° la savonneuse, découverte au-dessus de la promenade, vis-à-vis chez M. Villaume. Au milieu du bassin tempéré, sort d'un cylindre en pierre une autre source, qui n'est, pense-t-on, qu'une partie de la savonneuse.

De plus une branche de la source chaude du bain romain est amenée dans cet établissement. Avec la savonneuse, c'est celle que boivent les baigneurs.

## II.

Vous savez que l'on obtient en peu de temps de l'eau pure, ayant toujours les mêmes propriétés et les mêmes effets; eau composée de deux volumes de gaz hydrogène et un d'oxigène; et tout élève en chimie peut facilement en former. Mais sur la terre l'eau naturellement pure est très-rare; presque toujours elle renferme des gaz, ou des sels bien dissous. L'eau de pluie elle-même, entraînant la poussière atomique répandue dans l'atmosphère, n'est qu'une eau composée.

Pour bien comprendre comment cette eau minérale sort de la terre pour nous soulager, rappelons-nous sa formation.

L'eau qui se trouve à la surface du globe est réduite en vapeurs par l'action du soleil, notre feu ordinaire, ou encore la chaleur centrale; et est emportée par les vents, jusqu'à ce que, condensée par le froid, elle retombe sous la forme de rosée, de pluie, de grêle, ou de neige.

Pénétrant dans la terre, elle rencontre des corps qu'elle peut dissoudre, et s'identifiant leurs propriétés, elle produit des effets bien différents de l'eau pure.

Veut-on connaître les sels qu'elle renferme? Vous placez dans cette eau des corps qui se modifient selon les matières qu'elle contient.

Donnons des exemples avec des substances bien connues :

Versez de la teinture bleue de tournesol. Si l'eau arrive au rouge, c'est une preuve qu'elle contient de l'acide libre; si, par l'addition d'une plus grande quantité de teinture, sa couleur se rapproche du bleu, on en conclut qu'il s'y trouve peu d'acide. Ainsi des différents réactifs.

Le docteur Thiriat, docteur en médecine, ancien inspecteur adjoint, a placé dedans : 1° le nitrate d'argent ; il a vu un nuage blanc venant violet : ce qui lui a indiqué le sulfate de soude.

2° Avec la noix de galle, il a obtenu une couleur verdâtre au bout de 24 heures : présence de l'acide carbonique.

3° Cette eau de Bains, mêlée avec l'oxalate d'ammoniac, a formé un précipité ayant toutes les propriétés de l'oxalate de chaux : indication du muriate de soude.

4° Avec le nitrate de mercure il y a eu un précipité présentant les caractères du sulfate de baryte : présence du carbonate de chaux.

Un autre moyen d'analyse, c'est l'évaporation.

Voici les résultats de M. Poumarède, chimiste distingué :

| Source savonneuse contient par litre. | | | Source tiède ou des Promenades, par litre. | | |
|---|---|---|---|---|---|
| Sulfate de soude... | 0g. | 160m. | Sulfate de soude.. | 0g. | 075m. |
| Chlorure de sodium | 0 | 163 | Chlorure de sodium | 0 | 058 |
| Carbonate de chaux | 0 | 045 | Carbonate de chaux | 0 | 018 |
| Silice........... | 0 | 121 | Silice.......... | 0 | 047 |
| Oxyde de fer..... | 0 | 002 | Oxyde de fer..... | 0 | 002 |
| Matière organiq., petite quantité. | | | Matière organiq., petite quantité | | |
| | 0g. | 491m. | | 0g. | 200m. |

M. Chevalier a découvert de plus une petite quantité d'ammoniaque et de gaz qui s'échappent au moment où elle sort, et qu'il a reconnus pour des mélanges d'acide carbonique, d'oxygène et d'azote.

M. Bailly, médecin inspecteur, a fait les mêmes remarques.

## III.

Pour bien comprendre leur mode d'action, qu'on se rappelle qu'il y a dans le corps humain une grande quantité de pores.

Ainsi dans les membranes séreuses : la plèvre, le péricarde, le péritoine; ces pores sont le siége d'un suintement, dont le produit est en grande partie la sérosité du sang. C'est par eux aussi que se fait l'exhalation adipeuse, qui consiste en ce que le sang dépose dans certaines petites vésicules une matière jaunâtre, huileuse, la graisse.

C'est par des pores bien plus petits que se fait aussi l'exhalation des humeurs colorantes de la peau, le pigmentum noirâtre de la choroïde et de l'iris.

C'est par certains pores de l'estomac qu'a lieu l'absorption des boissons, et par de petites ouvertures dans les intestins, l'absorption chylifère.

Il n'y a aucun doute sur l'absorption pulmonaire, externe et interne, puisque les poumons ont des cellules comme des éponges. Voyez jusqu'où l'eau peut s'infiltrer et exercer son influence.

Mais ce qu'il importe de rappeler ici, c'est la multitude des pores de la peau, qui ont été évalués à 2 billions 16 millions, par lesquels l'homme perd dans 24 heures les 5/8 de la nourriture qu'il prend. Les médecins ont une si grande confiance en cette absorption cutanée, qu'ils appliquent souvent à la surface du corps les médicaments qu'ils veulent faire pénétrer à l'intérieur. Tout le monde sait que les naufragés de la Méduse plongeaient leurs jambes dans l'eau pour se désaltérer ; et souvent un malade, dont l'estomac est trop débile, est placé dans un bain de lait qui le nourrit ; on sait qu'en se baignant la sécrétion des reins est augmentée.

Voici du reste une expérience curieuse et directe qui confirme cette idée.

J'ai remarqué, dit Bichat (anatomie générale), qu'à la suite d'un séjour dans un amphithéâtre, on exhale une odeur exactement analogue à celle des cadavres en putréfaction. Voici comment je me suis assuré que c'est la peau qui absorbe les molécules odorantes. J'ai bouché mes narines, et j'ai adapté à ma bouche un tuyau un peu long qui traversait la fenêtre et me servait à respirer l'air extérieur. Ainsi cette expérience de Bichat prouve, qu'indépendamment des organes pulmonaires, les gaz trouvent à la surface cutanée de l'homme, dans les pores, des voies d'introduction. Mais pour l'absorption rapide des liquides, il faut que l'épiderme, substance plus solide, inorganique, se gonfle, s'épaississe et blanchisse, ou qu'il soit déchiré par les frictions que l'on fait avant de poser la plupart des cataplasmes. Quand elle n'est pas altérée, cette espèce de cuirasse met à l'abri des poisons, des venins placés sur la peau. S'il est ouvert par la morsure, bien que ce ne soit que légèrement, cette absorption se fait avec une rapidité extrême.

Il est donc bien certain que ces eaux peuvent être absorbées. Il est aussi indubitable que l'eau, ne contiendrait-elle aucune substance, nous est bien salutaire.

Pindare ne disait-il pas déjà : *Ariston men udor.* Et Thalès traduit et approuvé par Sénèque : *aqua valentissimum elementum est.*

Il serait trop long d'en rapporter tous les éloges. Elle réchauffe, elle rafraîchit, provoque les sécrétions, repose les membres. Enfin, n'a-t-on pas dit que c'est la médecine universelle.

Dans les eaux minérales nous avons déjà cette propriété générale. Les propriétés particulières dépendent de la combinaison des différents corps avec ces eaux. Outre que par contact, comme l'eau ordinaire, elles servent à augmenter, ou à diminuer, selon leur température, le calorique ; les minéraux qu'elles renferment très-bien dissous, sont mêlés avec les humeurs, et s'insinuent dans les vaisseaux les plus fins et les plus déliés, dans les conduits de la sueur et de la bile, détruisant les concrétions, ou coagulations formées par ces humeurs, et y laissent les sels purgatifs dont elles sont chargées.

Comme toutes les eaux minérales, celles de Bains aiguillonnent d'abord les fibres nerveuses pour leur donner plus tard plus de force. Mais avant cet état de bien-être, il y a une certaine prostration immédiatement après le bain ; une faiblesse extrême ne pourrait donc en supporter les effets.

Ainsi elles ne conviennent pas dans les maladies aigues, principalement dans celles qu'accompagne beaucoup de fièvre ; dans les anévrismes du cœur ; dans les congestions sanguines des poumons et de l'encéphale.

Mais êtes-vous robustes, vous pouvez les prendre impunément. Faites-le encore avec une complexion faible, pourvu que ce ne soit pas une faiblesse ou une irritation excessive.

Dans son essai sur leurs propriétés, le docteur Thiriat assure, et l'expérience de tous les jours montre, qu'elles guérissent radicalement dans les affections du bas-ventre et de l'estomac, connues sous les noms de gastrite, gastro-entérite, obstructions. Elles sont bonnes dans la chlorose, l'ictère, l'inappétence, les affections hypocondriaques, rhumatismales, et dans les affections des reins.

Voici le jugement porté sur ces eaux par MM. Bagard et Liabé, célèbres médecins de Nancy.

Nous, soussignés, certifions qu'ayant fait usage de

puis plus de trente ans des eaux de Plombières et de Bains, nous avons remarqué que celles de Bains, dans certains cas, l'emportent sur celles de Plombières : comme pour les maladies de poitrine, les gouttes vagues et rhumatismes goutteux. Dans toutes les autres maladies, celles de Bains égalent celles de Plombières en vertu et qualité. De plus, celles de Bains ont une vertu laxative que celles de Plombières n'ont point. Fait à Nancy, 11 mai 1747.

Ces eaux s'emploient non seulement en bains, mais en boisson dont la dose peut être portée très-loin sans inconvénient. On peut en faire usage en tout temps, même en hiver. Mais ce n'est que dans la belle saison que les malades en recueillent tous les fruits. On partage le temps des eaux en plusieurs époques, de 11 à 21 jours, auxquelles on donne le nom de demi et complète saison. Mais cette manière arbitraire ne doit pas être regardée comme un règlement absolu. Souvent il serait mieux de les prendre moins longtemps, souvent d'en prolonger l'usage. Est-il vrai qu'il y ait du danger à se baigner pendant la canicule?

On entend par jours caniculaires les jours depuis le 24 juillet jusqu'au 23 août, qui précédaient et qui suivaient autrefois celui où la canicule, étoile de la constellation du grand chien, se levait le matin avec le soleil.

Quelques auteurs disent, après Pline et Hippocrate, que pendant ce temps la mer bouillonne, le vin tourne, les chiens entrent en rage, la bile s'augmente et s'irrite, tous les animaux tombent dans l'abattement, et que, si l'on veut éviter les fièvres ardentes et continues, il faut fuir les bains.

Les Romains étaient si persuadés de sa maligne influence, que, pour l'apaiser, ils lui sacrifiaient un chien.

Delà ces adages de l'ancienne médecine :

*Qui vult solamen julio, hoc probet medicamen :*
*Somnum compescat_ et balnea cuncta pavescat.*
*Quisquis, sub augusto vivat medicamine justo,*
*Balnea non curet, nec multùm comestio duret.*

Tout ce qu'il y a de certain, c'est qu'à la suite de la position qu'a occupée et qu'occupe alors la terre dans son mouvement de translation autour du soleil, on a dans ces mois la chaleur la plus excessive, mais que bravent les baigneurs qui ont soin de prendre les précautions ordinaires.

Une obervation de la plus haute importance, qui vous sera faite à Bains, mais que vous pourriez croire intéressée, est cependant bien vraie : c'est que leurs effets se prolongent longtemps après la cessation de leur emploi, et que le plus souvent on ne commence à en ressentir les plus grands avantages qu'un mois ou plusieurs mois après en avoir cessé l'administration.

On a vu quelquefois le baigneur rétabli laisser à Bains les soutiens de ses membres infirmes; il part avec la joie, parce qu'il a retrouvé la santé, bien sans lequel ne sont rien toutes les richesses de la terre.

IV.

Voulez-vous prendre ces eaux en douches. Passez du bassin dans un des trois cabinets, où on a varié la température des eaux, varié la hauteur de la chute, la direction et le diamètre des tuyaux. C'est même, si vous le désirez, une espèce de pomme d'arrosoir qui vous inonde d'une eau fraîche une tête un peu trop chaude, comme à la douche écossaise. Ou bien vous aurez l'eau la plus chaude qui, au bain des promenades, a pour la douche 52 degrés. Vous présenterez la partie du corps malade, sur laquelle on fera tomber l'eau pendant le temps désigné par le médecin.

La douche nous vient des Italiens, chez qui cet usage est bien commun. On pense que le mot dérive du grec *dosis* dose, ce qui se donne avec mesure. Homère en fait mention dans l'odyssée et Horace : *Qui caput et stomachum supponere fontibus audent.*

## CHAPITRE III.

### BAIN ROMAIN.

**I. Histoire et description. — II. Etuve. — III. Chaleur et analyse. — IV. Cause de la chaleur des eaux.**

I.

Entretenons-nous du bain romain, nom qui lui a été donné à juste titre, puisque les années dernières on a encore trouvé plusieurs médailles aux types des empereurs.

Anciennement il n'était, au rapport d'Hesseln, qu'une marre où l'on se baignait en plein air. Il n'a été clos qu'en 1614, fermé entièrement en 1631, et couvert par Jacob Nonné en 1715. Depuis ce temps il était en pierre de taille avec une plate-forme ouverte au milieu, et les baigneurs étaient encore exposés à l'air. Il a été entièrement reconstruit par M. Villatte dans l'hiver de 1845 à 1846.

On a trouvé un ciment romain très-dur, qui n'a pu être entamé que par la mine. De nouveaux travaux y ont été faits de 1848 à 49; avec le bassin ovale du milieu, on a formé un bassin rond, réparations qui ont coûté en tout plus de 60 mille francs. Il est d'une architecture simple et de bon goût, comme étaient les bains des anciens.

Maintenant il est fréquenté, au lieu qu'avant on

n'y voyait que les personnes affectées de rhumatismes ou de fractures, qui s'y rendaient uniquement à cause de la chaleur des eaux, et surtout de celle qui tombait d'un robinet de fer attaché, à gauche, à l'un des piliers du bâtiment. Elles n'y trouvaient que les pauvres reçus gratuitement dans ces bassins rarement nettoyés :

L'eau est très-claire, souvent plus propre qu'au bain des promenades, parce qu'elle est plus abondante et plus renouvelée. Il y a aussi trois bassins.

1° Le tiède, de 26 degrés ; un sang chaud n'y ressent aucune sensation prédominante. Il convient d'abord à toutes les personnes qui, ayant une bonne santé, ne demandent pas au bain un effet tonique ou débilitant. Il entretient les fonctions perspiratoires de la peau, prévient ainsi les dartres ; il calme la circulation, tempère l'activité cérébrale.

2° Le bassin tempéré, qui est rond et peut contenir 12 mille litres d'eau, a de 27 à 27 1/2 degrés. Sa température s'élève au-dessus de celle de la peau ; il produit une sensation de chaleur agréable ; il est relâchant. Comme l'épiderme s'y gonfle facilement et se ramollit, une certaine quantité d'eau pénètre bientôt dans l'économie, et il y a absence de soif.

3° Au 3e bassin, nous avons bain chaud de 31 à 32 degrés. Il n'est employé que pour combattre les affections herpétiques et rhumatismales. Le pouls s'élève, il devient fréquent ; la peau chaude et rouge ; les yeux saillants ; les artères carotides battent avec violence ; il provoque les sueurs ; ordinairement il est suivi d'une faiblesse très-grande.

Du reste, le bain chaud pour une personne peut être tiède pour une autre. De plus, ces divisions ne sont qu'approximatives. La température est variée souvent selon la chaleur extérieure et les ordres du médecin. Une substance verdâtre, charriée par les caux, vient couvrir les pierres blanches des bassins. On a trouvé un moyen pour l'enlever, ou empêcher sa formation. C'est un béton, mélange d'un 1/3 de chaux, surtout de Fontaine, avec de la pierre calcinée bien pulvérisée; on enduit, avec cette espèce de mortier, leurs parois intérieures une fois tous les douze jours. Ce dépôt verdâtre est formé par un amas de petites plantes appartenant à la famille des algues. Comme ces algues s'agitent beaucoup, pour indiquer leurs oscillations, on les a appelées oscillaires.

Les oscillariées, dit le savant M. le docteur Mougeot, se plaisent dans les lieux humides, rampent sur les pavés des cours, des rues et des escaliers.

A Bains, elles se répandent sur les dalles des bassins; si elles n'étaient pas troublées dans leur accroissement, plus compactes elles se détacheraient sous la forme de longs fils verts et de pellicules qui viendraient nager à la surface du liquide, comme elles se montraient dans ce bain avant les réparations. Les pierres des conduits en sont recouvertes; mais on remarque que cette plante disparaît, quand l'eau de la rivière vient se mêler à l'eau thermale et en abaisser la température.

Autour des bassins, au rez-de-chaussée, sont des cabinets vestiaires, destinés aux personnes qui prennent les bains en bassin. Pour échauffer les dalles, on fait arriver de l'eau chaude dans des réservoirs souterrains. La partie supérieure est occupée par des cabinets avec des baignoires pour les personnes qui ne peuvent, ou ne veulent pas descendre avec la foule dans les bassins. Mais, dans ce bain particulier, elles ne chassent pas aussi facilement l'ennui, et ne restent pas aussi longtemps.

Il est certain, d'après les observations des médecins, que le bain ne restaure guère, si l'on s'occupe avec inquiétude, si on se laisse aller à la mélancolie, ou bien si l'on cherche à oublier le temps par une lecture. La société que l'on trouve au bassin, et qui est toujours d'un bon ton, chasse les pensées noires et inspire la gaieté. L'expansion, suite du bain, se fait ainsi plus facilement.

Au bain romain, outre les douches ordinaires verticales, descendantes et ascendantes, on a une douche horizontale, pouvant varier bien rapidement et passer du chaud au froid. L'eau part de deux tubes fermés par des robinets; la chaude a 36 degrés; l'eau est lancée avec une telle force que dans quelques minutes elle pourrait entamer l'épiderme.

On a remplacé l'ancien robinet de fer si renommé par deux autres : un de cuivre et l'autre de fer, placés dans un cabinet de l'établissement. On s'y rend pour les fractures, contusions et rhumatismes. L'eau qui en sort a 42 degrés. On peut attacher aux orifices des vases percés de petits trous pour diminuer la force de l'eau. C'est une espèce d'étuve, puisqu'il suffit d'y rester un quart d'heure pour être tout en sueur.

## II.

On peut définir l'étuve : l'immersion du corps dans la vapeur ; c'est une sorte de bain.

Les lieux, où on la prend, sont deux cabinets en pierre, plaqués à l'intérieur en faïence, n'ayant la lumière que par une petite lucarne. Sous la paroi horizontale inférieure coulent des sources très-chaudes, de plus de 40 degrés, qui répandent bien de la vapeur.

Expliquons d'où vient que, dans cette atmosphère, l'eau couvre le corps du patient.

Vous avez vu des statues de marbre imprégnées

d'humidité, ce que les païens regardaient comme un mauvais présage :

*Mœstum illacrymat templis ebur, æraque sudant.*

Cette eau est produite par la condensation de la vapeur de l'air sur ce marbre, matière froide et compacte.

De même toutes les parois de l'étuve sont couvertes de gouttes d'eau tombant sur ceux qui y sont assis presque nus. De plus, les vapeurs répandues dans tout le cabinet viennent se reposer sur les membres et les couvrir d'une sueur tout extérieure. Cette humidité amollit la peau, ouvre les pores, et bientôt dispose à suer, surtout si on en sort pour passer dans un lit bassiné. Enfin l'air chaud et humide, que l'on respire, a une action extraordinaire sur le sang, et pousse au-dehors les parties aqueuses qui s'y trouvent mêlées. Les fatigues, disent certains voyageurs, se calment dans les étuves ainsi que le tiraillement des membres. En général, chez les peuples qui en font grand usage, ces derniers bains sont suivis de l'immersion du corps dans les bains ordinaires.

A Bains, c'est seulement un moyen médical dans les affections herpétiques et rhumatismales, et personne n'est tenté d'y entrer avant l'ordre explicite du médecin.

Outre l'étuve humide, que nous venons de décrire, on trouve dans certains lieux des étuves sèches, où on est entouré d'un air échauffé, mais sec. Alors, comme cette atmosphère est loin d'être saturée de vapeurs, la sueur qui couvre le corps s'évapore bien vite. Dans l'étuve humide l'air est saturé. L'évaporation autour du corps est donc peu grande. Aussi ne fait-elle pas beaucoup suer ; elle dispose plutôt à la sueur, en ouvrant les pores de la peau.

## III.

Il y a neuf sources au bain romain :

| | | Degrés centigrades. | Litres à la minute. | |
|---|---|---|---|---|
| 1° | La grosse source proprement dite. | 50 | 71 | |
| 2° | Le robinet de cuivre........... | 46 | 10 | |
| 3° | Dépendance de la grosse source.. | 48 | 7 | |
| 4° | Source près de l'angle nord-ouest. | 41 | 7 | 50 |
| 5° | —— de l'angle au nord....... | 35 | 2 | 35 |
| 6° | —— un peu plus bas......... | 32 | 1 | 75 |
| 7° | —— au centre.............. | 28 | 0 | 70 |
| 8° | —— au robinet de fer........ | 45 | 25 | |
| 9° | —— à côté du robinet de fer.. | 33 | 0 | 70 |

Le volume d'eau est de 126 litres par minute. 126

On dit que précédemment elles ne donnaient à la minute que 71 litres au lieu de 126. C'est donc 55 litres en plus depuis les dernières réparations. Ces renseignements m'ont été donnés par M. Caiment, commis des bains.

Ces sources sortent du granit sur le lieu même. On a vainement cherché leur point de départ : on a seulement reconnu qu'elles jaillissent à travers les fentes des rochers dans des directions différentes. Et les travaux n'ont pas été poussés trop loin, de peur de perdre l'eau.

Voici l'analyse de la source du robinet de fer par Vauquelin.

Elle contient par litre :

| | | |
|---|---|---|
| Sulfate de soude cristallisé..... | 0 gram. | 280 |
| Sulfate de chaux............. | 0 | 080 |
| Chlorure de sodium .......... | 0 | 080 |
| Silice et magnésie............ | | trace. |

Analyse de l'eau de la grosse source par MM. Poumarède et Chevalier.

Par litre :

| | | |
|---|---|---|
| Sulfate de soude ............. | 0 gram. | 110 m. |
| Chlorure de sodium........... | 0 | 083 |
| Carbonate de soude........... | 0 | 010 |
| Carbonate de chaux........... | 0 | 028 |
| Silice...................... | 0 | 069 |
| Oxyde de fer................ | 0 | 002 |
| Matière organique............ | une petite quantité. | |

## IV.

Quelle est, demandez-vous, la cause de la chaleur naturelle de ces eaux?

Quatre systèmes ont été proposés pour l'explication de leur *thermanéité*.

1° Les uns attribuant ce calorique à un feu central.

2° Les seconds, au calorique de la terre, sans l'admettre bien intense au centre. C'est plutôt aux couches inférieures, peu profondes.

3° Les autres, à des actions chimiques, ce qui veut dire, à l'action intime d'un corps sur un autre.

4° Les quatrièmes, à l'électricité répandue dans la terre.

### I^er^ Système.

Ceux qui en voient la cause dans le feu central, prouvent d'abord son existence par des autorités anciennes et récentes. Platon, Aristote, Lucrèce, de Saussure, Buffon, Laplace, de Humboldt.

Les preuves, sur lesquelles s'appuie cette théorie du feu central, sont :

1° L'augmentation de la température, à mesure qu'on descend de la surface de la terre vers l'intérieur, température qui est de 1 degré pour 30 mètres.

2° La température des puits forés, le calorique de ces eaux lancées d'une grande profondeur. M. Arago a pris la température de cette eau des sources dites artésiennes, de celles qui viennent de profondeurs considérables, et qui, d'après la loi connue de l'équilibre de la chaleur, ne peuvent manquer de donner très-exactement le calorique des couches dans lesquelles elles ont séjourné. Le résultat de ces diverses expériences a été de nature à mettre hors de doute l'élévation de la chaleur dans les couches situées à une grande profondeur au-dessous du sol.

3° Les phénomènes volcaniques.

Ainsi voilà des données expérimentales, précises, qui prouvent cette ancienne opinion.

4° Ce qui la confirme, c'est la forme même de la terre renflée à l'équateur, aplatie au pôle; cette forme étant précisément celle que l'action de la pesanteur a dû imprimer à une masse liquide.

Ils prétendent que la terre, d'abord liquide, composée de matières en fusion, s'est recouverte par le froid d'une couche bien mince que nous foulons et qui nous sépare d'immenses brasiers, matières liquides trouvant des ouvertures par les cratères des montagnes, nommées volcans. C'est l'opinion des auteurs que j'ai cités, appelés Plutoniens.

## IIe Système.

Cette couche mince qui nous séparerait de ce centre en fusion, disent les autres, ne pourrait résister au mouvement de cette mer ignée sur laquelle agirait fortement l'attraction de la lune productrice des marées.

Elle serait incessamment battue par une espèce de levier hydraulique de 1500 lieues de longueur. Les volcans ne suffiraient pas; ils ne sont que comme des tubes capillaires.

De plus, les croûtes formées à la superficie, étant plus lourdes, ont dû descendre vers le centre, qui ainsi n'est pas en fusion. Il faut supposer que cette chaleur interne, que nous reconnaissons, a été produite par le passage de notre planète près d'un corps embrasé; calorique émis à la superficie, mais très-intense encore dans les couches inférieures, solides, peu profondes, d'où nous viennent les eaux chaudes.

C'est la théorie de M. Poisson et de plusieurs savants de nos jours.

### IIIe Système.

Nous constatons, enseignent les troisièmes, nous constatons tous les jours production de chaleur dans la combinaison des corps : par exemple, de l'eau et de la chaux, formant un composé dont le calorique s'élève à 300 degrés. De même, en projetant en l'air de l'eau, de manière à ce qu'elle retombe en goutte imperceptible sur une petite masse de *potassium*, à mesure qu'elle y arrive, chaque molécule d'eau est décomposée, et une grande élévation de température est produite. Et encore, si l'on prend du soufre en poudre et de la limaille de fer, en faisant une pâte de ces deux corps avec suffisamment d'eau; si l'on enterre ce mélange, après quelques heures de combinaison, il y a beaucoup de calorique dégagé, flamme et détonation. Ces actions chimiques suffisent pour nous rendre parfaitement raison du calorique. Les sources minérales froides ont la même origine; mais elles ont perdu leur température en traversant les couches froides, ou en se mêlant à d'autres eaux.

Pourquoi recourir à un feu central? Comment concilier l'influence d'une cause aussi générale avec cette circonstance, que les eaux thermales sont très-communes dans certains pays, tandis qu'elles manquent tout à fait dans des contrées de la plus vaste étendue.

Qu'on ne nous fasse pas l'objection suivante :

Il y a des eaux thermales simples, sans sels. Donc leur chaleur ne vient pas des combinaisons avec certains corps.

Nous répondons que, pour rendre compte de leur production, il suffit de supposer alors des réactions caléfactrices, se passant entre divers matériaux plus ou moins éloignés du courant même des sources, qui dès lors se trouveront échauffées à distance par la transmission conductrice du calorique. Théorie de Davy pour la production du feu.

De plus, dans les environs de Bains, de Plombières, on ne voit aucun symptôme d'éruption volcanique. La géologie n'en a trouvé des traces qu'à la côte d'Essey, montagne isolée et fort éloignée de celles du pied desquelles s'échappent les eaux chaudes. Mais à Bains, ni la tradition, ni l'histoire, ni la science n'en mentionnent.

### IVe Système.

Ces derniers prétendent qu'il est impossible de concevoir des réactions chimiques, qui persisteraient depuis si longtemps et au degré d'activité suffisante pour expliquer l'imperturbable continuité de l'écoulement des sources avec cette constance de volume, de température, de composition qui les caractérise. De plus, on voit une extrême disproportion entre la chaleur d'un grand nombre d'eaux thermales et la quantité minime de leurs principes minéraux.

Attribuons cet effet à des courants électriques.

Il y a deux électricités : une dite positive, l'autre négative. La positive court sur des fils conducteurs vers la négative : voilà les courants que nous formons dans les cabinets de physique, et qui donnent assez de calorique pour mettre le fer en fusion. Dernièrement avec une pile de Bunzen de 600 éléments, M. Despretz a fondu et volatilisé des corps réfractaires jusqu'alors : le bore, silicium, titane, etc.

Les corps appelés électro-moteurs, qui exercent une si grande influence sur la température, ne peuvent-ils pas former dans la terre autant d'ateliers pour l'élaboration des eaux thermales ?

Cette hypothèse est appuyée sur certains faits. Ainsi les eaux de Bains semblent dépendre de l'électricité, puisque souvent on les a vues comme bouillonnant au moment des orages, et produisant alors des effets tout particuliers sur les malades. Depuis longtemps plusieurs médecins ont attribué leur efficacité à l'électricité qu'ils y ont reconnue.

Cette dernière théorie, la plus probable, explique mieux :

1° La caléfaction des eaux thermales;

2° Leur fréquence dans certains lieux;

3° La persévérance de leur température, puisque les piles sèches de Zamboni exercent pendant longtemps leur influence, et ne cesseraient pas d'agir si elles étaient composées de 50 mille paires;

4° Les variations dont elles sont susceptibles, variations arrivant surtout pendant les tremblements de terre, les orages attribués à l'électricité;

5° Enfin la constance de leurs propriétés s'explique encore mieux, parce que ces sels peuvent venir de très-loin, suivant la direction du courant du pôle positif au négatif.

On vous a bien des fois répété que les eaux chauffées par les seuls procédés de la nature se comportent bien autrement que l'eau ordinaire élevée à la même température par les procédés de l'art : ainsi qu'elles se refroidissent plus lentemement, qu'elles arrivent plus lentement à l'ébullition (c'est ce que dit Duclos, et ce qu'ont répété Dufay et Bordeu.)

Ce sont là autant de préventions, qui ont acquis d'autant plus de consistance, qu'elles semblaient pouvoir invoquer en leur faveur l'autorité de prétendues expériences.

Mais, disons-nous, s'il en était ainsi, il y aurait donc un nouveau mode d'union du calorique avec les corps, et qui ne serait pas suivant les lois ordinaires de la nature.

Ne nous arrêtons pas à ces rêveries, puisque des expériences récentes, réitérées et dignes de la plus grande confiance, montrent, avec la raison, que le calorique qui pénètre ces eaux n'est pas plus adhérent qu'il le serait dans l'eau commune, élevée à la même température, et soumise aux mêmes conditions, que leur refroidissement n'est pas plus lent et leur échauffement plus difficile.

D'après M. Longchamp, ces eaux peuvent rapporter, tous frais déduits, au propriétaire, 5 à 7,000 fr. par an. D'après M. Patissier, les baigneurs, dont le nombre s'élève presque toujours au-delà de mille annuellement, laissent dans le pays une somme d'environ 100,000 fr. aux habitants.

Tous ceux qui appartiennent à la commune, ont le droit d'aller prendre des bains, et de puiser de l'eau dans le bain romain. C'est une coutume, de temps immémorial, que leurs aïeux ont assez bien gagnée, en travaillant à ces établissements du temps de Stanislas. C'est du reste maintenant une prescription bien légitime; c'est un droit qu'il n'est pas possible de leur enlever.

## CHAPITRE IV.

### PROMENADES.

Outre les promenades qui ont donné leur nom à un des établissements, on en trouvera d'autres dans un périmètre assez étendu. Si l'on veut aller au loin, on voit des sites pittoresques, le Noirmont, point de vue, comme le Millon, élevé et très-intéressant. Tout près, ce sera d'abord la promenade du bain romain, passant près de l'hôpital, et allant dans la direction du bois des Fouillies ; sortie très-utile dont on doit le projet au conseil municipal.

L'origine de l'une des promenades remonte à 1750 ; elle fut établie aux frais du duc d'Havré et du baron de Caumartin, seigneurs de Bains et propriétaires des eaux, en vertu d'un arrêt rendu le 14 mars de la même année, dans le conseil de Stanislas, roi de Pologne.

Vers le nord, on peut, sur les bords d'un bois magnifique, suivre le cours du Bagnerot et une agréable vallée, entrer en revenant au cimetière, y laisser un souvenir et une larme à ses frères que la mort a frappés !

Alors que sont pour l'homme, au sortir de la vie,
Tous ces pleurs écoulés d'une paupière amie
Et ces cris superflus.
Il quitte pour toujours le chemin de la joie ;
Le sentier qu'il a pris est une sombre voie,
D'où l'on ne revient plus.

Ainsi parle le monde ; et devant lui s'élève
L'image de la mort, comme un effrayant rêve
Plein de noires couleurs.
Apparaissant soudain au milieu de la fête,
Elle frappe un convive et dépouille sa tête
Des plus brillantes fleurs.

Mais pour le vrai chrétien, après beaucoup de peines
Pour trouver ici-bas quelques clartés sereines,
C'est un divin flambeau.
Terminant de l'exil la trop longue souffrance,
Avec son front serein l'immortelle espérance
Ouvre un second berceau.

Beaucoup de baigneurs dirigent leurs pas vers la chapelle de notre Dame de la *Brosse*.

Bien que Marie nous donne partout des marques

de sa puissance et de sa bonté, cependant elle se plaît à ouvrir dans certains lieux, d'une manière toute particulière, les trésors de ses bienfaits. C'est là surtout où la faiblesse a besoin d'appui, dans les moments d'angoisse. Plus le malheur est grand, plus certain est son secours. L'homme l'a bien senti; et, dans ces circonstances, il n'oublie pas son culte.

Ainsi, si vous avez trouvé quelque passage périlleux, si sous vos pieds étaient des précipices, sur vos têtes des rochers menaçants, dans ces lieux de danger, de terreur, se montre, pour nous rassurer, une image de la Vierge qui a reçu le nom de notre *Dame du passant.*

Au milieu de la mer en fureur, le nautonnier élève ses yeux et ses mains vers la chapelle de notre *Dame de la Garde*, étoile de la mer, qui veille sur les flots.

A Bains, où, pendant la saison, il y a tant de larmes à sécher, tant de maladies à guérir, elle a voulu accorder ses faveurs spéciales; c'est elle-même, nous apprennent les traditions populaires, qui a choisi ce trône de ses grandes miséricordes. On rapporte qu'on voulut enlever son image à un arbre, auquel elle était attachée, et la porter à l'église de la paroisse; mais le lendemain cette image était retournée dans cette forêt mystérieuse, appelée la Brosse, nom qui est resté à ce lieu. On s'y rendit en procession. Une chapelle a été bâtie sur cette colline; et de ce sanctuaire qui domine la vallée, la Vierge étend une main protectrice sur tous ceux dont le cœur s'ouvre à la confiance et à l'amour.

Depuis ce moment, chaque année, cette terre bénie a été une terre de prodiges. Ainsi on vous racontera qu'une mère obtint la résurrection de son fils. Elle avait vu la pâleur de la tombe se répandre sur la figure de celui pour qui étaient tous ses travaux, tous ses vœux. Pauvre mère, il n'y a plus d'espoir pour elle dans les secours humains, mais il lui reste la consolatrice des affligés, la Vierge puissante. Tressaillez d'allégresse, nouvelle veuve de Naïm; une main invisible a touché le corps de votre enfant, et de nouveau vous pouvez le serrer vivant dans vos bras.

Marie y a opéré des miracles plus surprenants. Que de morts spirituels n'y a-t-elle pas rappelés à la vie! Les larmes des anges étaient versées sur eux. Elle s'est montrée au milieu de l'orage pour leur donner le mouvement et les ramener au port. Quelque chose, qui ne s'exprime pas dans le langage des hommes, apprend à tous que Dieu abaisse des regards d'une bienveillance spéciale sur cette oasis placée dans le désert de ce monde.

La plupart y vont prier pour leur patrie, la médiatrice placée entre le ciel et la terre, attendant d'elle et de Dieu seul leur bonheur et celui de la France. Cette promenade, au sanctuaire de leur mère, est pour tous le culte du cœur. On voit de pauvres malades s'y rendre par bien des fatigues, en répétant avec espoir : salut des infirmes, priez pour nous. Après avoir versé d'abondantes larmes et avoir adressé des prières pleines de foi, ils reviennent guéris ou résignés avec une nouvelle ardeur pour toutes les vertus. Combien de miracles ne pourrait-on pas signaler; mais l'église ne s'étant pas prononcée, il est, sinon raisonnable, au moins permis à chacun de n'y rien voir que de naturel. Cependant que ceux qui rejettent tout, ne disent pas qu'on ne voit plus de miracles; c'est qu'ils ne veulent pas les voir. Dieu se cache à l'orgueil et accorde ses faveurs à l'humble piété. Ces prodiges sont revêtus, pour ces âmes d'élite, de la plus grande certitude ; et il nous est doux de croire avec ces personnes pour qui ce jour a été le plus beau de leur vie.

Bien qu'il y en ait de plus frappants, nous ne citerons que la guérison de Mlle Victoire Gay, de Dijon, le 1er septembre 1849, parce que c'est le fait le plus récent, et que c'est elle-même qui en donne la relation.

Au mois de septembre 1844, je fus atteinte de douleurs névralgiques qui se portèrent à l'estomac. Non seulement elles m'ôtèrent entièrement l'appétit, mais encore me rendirent toute digestion extrêmement difficile. Pendant cinq années des crampes violentes arrivaient à la suite de chaque repas, et duraient ordinairement de 2 à 4 heures. Souvent l'usage de la viande et du pain devint impossible, et il me fallait dans ces périodes de recrudescence environ 10 heures pour digérer un simple bouillon.

Au mois de juin 1847 la névralgie prit un nouveau siége à la partie gauche de la tête ; enfin, au mois de novembre, même année, les crises se fixèrent à l'épine dorsale. Chaque jour, pendant onze mois, elles commencèrent à 4 heures de l'après-midi pour durer jusqu'à minuit. Elles produisaient des spasmes, des sauts nerveux, qui ne me permettaient pas de rester assise, encore moins couchée ; des cris qu'il m'était impossible d'étouffer.

On employa en vain les antipériodiques et antinerveux : quinine, quinquina, belladone, camphre. L'arsenic me procura une interruption de crises pendant 11 jours. Le remède employé de nouveau n'eut aucun effet. Application de sangsues, de vésicatoires, magnétisme : tout fut mis en usage. Le galvanisme me donna une interruption de sept jours.

Au mois d'août 1849, mon médecin me conseilla d'aller à Bains, pensant que le changement d'air, le repos et les eaux, qui sont très-douces, apporteraient peut-être quelque amélioration à mon état; cependant il ne me laissa point d'espoir de guérison, car il me dit : à votre retour de Bains, vous irez à Lyon consulter les docteurs de la science. Je partis le 21 août. L'avis de M. Bailly fils, inspecteur des eaux, fut le même que celui du médecin de Dijon. Il m'ordonna cependant des bains de deux heures, et des douches sur l'épine dorsale. La première douche, dont je ne reçus que quelques jets, me donna trois heures de crises; on me conseilla de n'en plus prendre, les eaux m'étant plutôt nuisibles. Le médecin dit positivement le 29 : il n'y aura une guérison que quand Dieu le voudra; il n'y a plus de moyens humains à tenter.

J'étais dans un pensionnat dirigé par les sœurs de la Providence; le 24 nous avions commencé une neuvaine à la sainte Vierge, qu'on vénère spécialement à Bains sous le nom de notre Dame de la Brosse, et à qui on a élevé une chapelle à environ 5 minutes de la ville. Chaque soir les prières de la neuvaine se firent à cette chapelle par les élèves du pensionnat; je ne pouvais y aller que dans l'après-midi avec une religieuse, et cette petite promenade me faisait beaucoup souffrir. Du 24 au 31 les crises augmentèrent. Ce jour les calmants n'eurent aucun effet, on employa le chloroforme; la nuit fut très-mauvaise. Une messe fut célébrée le premier septembre pour terminer la neuvaine.. Je m'y rendis avec 13 religieuses et les élèves du pensionnat. Je ressentais de grandes douleurs; mais j'étais soutenue par l'espoir en la bonté de Marie et la puissance de Dieu.

Au moment de l'élévation il se fit en moi, tout à coup, un calme parfait; il semblait que Dieu eût attendu cet instant de sa présence pour exaucer les prières si ferventes qui lui étaient présentées par sa douce mère. Ce calme dura environ trois minutes. Puis je ressentis, dans la partie gauche de la tête, un mouvement indéfinissable que, cependant, je comparais à celui d'un ressort de montre qui se détend très-vite; le bruit était pour moi comme celui que produit une pendule dont on tourne doucement la clef. A mesure que ce mouvement s'opérait, les nerfs de la tête s'allongeaient en me rendant mes facultés. Au moment de la communion le bruit cessa; la douleur disparut entièrement; je ne m'avouais cependant pas un miracle, ma foi chancelante craignait de se livrer à une illusion, puis je n'avais éprouvé de mouvement que dans la tête; et chez moi, l'épine dorsale, l'estomac, les intestins : tout était atteint. Après la messe, la religieuse, qui a la garde de la chapelle, me donna à vénérer cette douce image de Marie. En y tenant mes lèvres attachées, il semblait que je reprenais là toute la vie qui chaque jour m'échappait.

Je revins à la maison. En route une de ces dames me demanda : comment vous trouvez-vous? Bienheureuse, lui répondis-je; mais sans lui dire pourtant que j'étais guérie, car vraiment je ne le savais point moi-même. Je demandai que mon déjeuner fût apporté au bain. Pour la première fois, depuis cinq ans, j'avais réellement faim. La digestion se fit sans fatigue; moi qui la veille avais supporté si difficilement un bain d'une heure, j'y restai une heure 3/4. En sortant je passai à plusieurs reprises la main sur les vertèbres de l'épine dorsale, qui habituellement étaient si sensibles. Plus de douleurs, plus de sensibilité! Alors il fallut croire au prodige. Dieu seul peut dire quelles furent alors mes émotions! Je courus au pensionnat annoncer cette bonne nouvelle. Ce moment, où tant de pures, d'innocentes âmes s'unirent à la mienne, et ce mouvement spontané de tant de cœurs, resteront à jamais dans mes souvenirs!

A midi je mangeai comme une personne en parfaite santé; la digestion se fit très-bien. A quatre heures je goûtai, puis nous allâmes à la chapelle rendre grâces à Marie; c'était la seconde fois que je faisais le chemin. J'étais si peu fatiguée que je me promenai encore environ deux heures. A 7 heures 1/2 je soupai toujours avec appétit, et je digérai sans douleur. J'eus 7 heures du sommeil le plus calme.

Maintenant, depuis deux mois entiers, ma santé est parfaite : esprit libre, force physique et morale, appétit, sommeil. Je n'ai de souvenance de mon état que pour remercier la très-douce consolatrice des affligés, Marie, ma mère.

Grâces soient donc rendues à Dieu et à Marie, qui n'abandonnent jamais ceux qui ont recours à eux!...

## Attestations des médecins.

Je, soussigné, docteur de la faculté de médecine de Paris, etc., etc., certifie avoir dirigé la santé de Mlle Victoire Gay depuis le mois de juin 1847 jusqu'à son départ pour Bains, durant le mois d'août 1849, et avoir observé chez elle, pendant ce temps, les accidents nerveux les plus douloureux et les plus opiniâtres; ainsi qu'elle l'a consigné dans la relation ci-jointe avec des expressions plutôt affaiblies qu'exagérées. Je déclare en outre avoir constaté à diverses reprises, depuis le retour de cette demoiselle dans sa famille, que non seulement elle n'éprouve aucune crise nerveuse, mais encore que les régions qui en étaient le siége, et qu'on ne pouvait comprimer, ni même toucher sans réveiller d'atroces douleurs, n'offrent actuellement aucune sensibilité morbide.

Dijon, 5 novembre 1849. DUGAST.

Je, soussigné, docteur en médecine de la faculté de Paris, certifie avoir vu Mlle Victoire Gay dans ses crises, et avoir assisté M. le docteur Dugast, lorsqu'il a employé le galvanisme, pour le traitement de cette demoiselle.

Dijon, 6 novembre 1849. ROUXELLES.

## CHAPITRE V.

### DESCRIPTION MINÉRALOGIQUE.

**I. Division des terrains en général. — II. Territoire de Bains et des environs.**

I.

On parle tant aujourd'hui de minéralogie et de géologie, qu'il ne sera pas inutile de dire un mot de la position et de la nature des différents terrains à Bains et dans les environs. Combien il y a eu de systèmes proposés pour l'explication de la configuration du globe. Les théories opposées aux traditions mosaïques, comme des pyramides de sable, ont été bientôt renversées et ensevelies avec les noms de leurs auteurs. Le temps n'est pas encore arrivé où un système puisse être établi d'une manière définitive, parce que cette science est une science d'hier, et que nous n'avons pas l'ensemble des faits sur lesquels elle doit être basée. Quoiqu'on ait fait depuis 40 ans d'immenses travaux, quoiqu'on ait des excavations artificielles qui atteignent des profondeurs énormes pour nous, des puits artésiens, des mines qui n'ont pas moins de mille mètres, on n'a encore exploré que la superficie minime du globe. Relativement à la masse totale, ces cavités ne sont pas plus que ne serait, sur une boule de plus de deux mètres de diamètre, la trace presque imperceptible d'une pointe d'épingle. Cependant on possède déjà quelques connaissances.

Beaucoup pensent qu'il est permis et plus sage d'admettre que le monde remonte à une époque bien reculée, puisque les différentes couches ne peuvent s'expliquer par le déluge : et cet âge du monde, quelque grand qu'on le suppose, se concilie avec le récit de Moyses; Moyses parlant d'une création au commencement des temps, et seulement après de créations successives, et d'une organisation qui aurait eu lieu il y a à peu près 5 à 6 mille ans. La terre aurait subi avant de nombreuses révolutions, comme l'indiquent ces terrains de matières très-dures fondues, qu'une excessive chaleur a pu seule mettre en fusion; Dieu ayant pour cette œuvre employé deux leviers bien puissants : l'eau et le feu, et avec eux façonnant, pétrissant, disposant la matière inorganique.

Quand elles ne sont pas opposées au texte sacré, toutes les investigations, les hypothèses plus ou moins ingénieuses, sont parfaitement innocentes. On peut les supposer sans aller contre la sagesse et la puissance de Dieu. On peut impunément, sans attaquer les attributs du créateur, rechercher les lois organisatrices qui ont présidé à la formation du monde; comme on peut étudier les lois physiologiques qui ont contribué à la croissance du chêne.

On a trouvé dans la terre des séries différentes : La première est considérée comme *terrains primitifs;* et elle en porte le nom. A leur base, ces terrains comprennent les pierres les plus dures, que l'on nomme granit, non stratifiées; et au-dessus stratifié le schiste, pierre plus tendre, mélangée tantôt de mica, tantôt d'argile. Dans ces diverses matières, il ne se trouve mêlé nul débris d'animaux ou de végétaux.

Au-dessus des terrains primitifs, s'en trouvent d'autres que l'on a nommés : *terrains intermédiaires*, ou *terrains de transition*. Ce sont encore des granits et des schistes, mais mélangés de débris d'animaux, ou de végétaux; la plupart semblables à ceux que l'on trouve maintenant sous les tropiques. Il y a aussi du calcaire et des houilles. Toutes ces substances ont moins de dureté que les primitives.

Au-dessus sont les *terrains secondaires*. Ils contiennent plusieurs dépôts successifs, composés alternativement : 1° de sable en poudre, ou sables réunis en grès ; 2° de calcaire ; 3° d'argile et de houille ; 4° beaucoup de fossiles, ou pétrifications de débris de végétaux et d'animaux, de coquillages de mer et d'eau douce.

Sur les terrains secondaires, s'étendent les terrains dits *tertiaires*, dans lesquels on a même trouvé des ossements humains.

Enfin la surface la plus superficielle se compose de couches d'une origine récente. Ces couches sont de deux ordres, dont l'un paraît manifestement devoir être attribué au dernier des cataclysmes dont la terre a été le théâtre, et qui, pour cette raison, est appelé terrain *diluvien*. L'autre, produit par des causes encore actuellement agissantes, comme les pluies, les cours des rivières, etc., a reçu le nom d'*alluvien*.

« Dans quel but, dit très-bien M. Jéhan, tous ces « exhaussements et ces affaissements, ces mélanges « de matériaux si divers? N'est-ce pas afin que nous « ayons sous nos pieds un sol ferme et stable ; des « granits, des marbres, des pierres de toutes sortes « pour élever nos temples, construire, décorer nos « cités; d'immenses magasins de houille, combus- « tible dans les débris fossiles de la végétation pri- « mitive; d'inépuisables mines de sel gemme pour « les contrées éloignées de la mer ; de l'or, de l'ar- « gent, du fer, métaux si nécessaires, que sans eux « nulle civilisation ne serait possible? N'est-ce pas « encore pour que nous ayons aujourd'hui des sour- « ces, des fontaines, des rivières qui, obéissant aux

« déclivités habilement calculées des terrains, s'é« coulent vers le réservoir commun des mers? N'est« ce pas pour que nous ayons une terre végétale « présentant les conditions les plus avantageuses à « la culture, et avec les plantes une atmosphère « épurée, et des animaux destinés à nous servir et « à nous nourrir. »

## II.

Maintenant, avec les premières notions de chimie, vous suivrez facilement ce qu'il est important de dire du territoire de Bains et des environs.

1° Le lit et les bords des rivières sont généralement en *granit*, qui est d'une structure grenue, blanc, rose, moucheté, composé de quartz, caillou, silex combiné avec l'oxigène de l'air. Dans le granit, il y a encore de petites lames brillantes de mica, de l'orthose renfermant trois corps : la silice, l'alumine et la potasse.

Le granit se montre généralement dans les assises les plus profondes du globle : ce n'est qu'exceptionnellement qu'on le voit à la surface. Il dénote le terrain primitif, et ainsi une grande antiquité. C'est un corps très-dur, d'autant plus résistant qu'il a de quartz. C'est donc une bonne pierre pour les routes. On le tire sur les bords du Coney, en allant à la Pipée et à Fontenoy, et on fait avec ce granit d'excellents empierrements. A Bains, il est beaucoup sillonné par des filons de quartz, de baryte et de chaux sulfatée.

2° Au-dessus se trouve le *grès des Vosges*, de formation ultérieure, appartenant à la période de transition. On y découvre des fossiles qui nous apprennent que, quand cette série s'est formée, il y avait des êtres organiques.

Plusieurs calamites ont été recueillis à Bains, nous

dit M. Hogard dans sa description minéralogique des Vosges.

Ce grès des Vosges est une espèce de ciment siliceux, ayant de petits grains de quartz mêlé souvent au mica et à l'argile jaune ou rouge.

S'il est rouge, il est ferrugineux; blanc, il ne renferme pas de fer. C'est ce dernier qui est assez commun près de Bains, au Rédé. On y voit aussi de la baryte sulfatée et de petites plaques d'argile jaune ou verdâtre.

3° Dans la partie supérieure du sol, presqu'au-dessus du plateau des collines, s'étend le *grès bigarré*, plus récent encore et appartenant aux terrains secondaire et tertiaire. Sa hauteur est de 400 mètres au Millon, et 330 à Bains.

C'est une espèce de ciment argileux de diverses couleurs, réunissant de jolis grains de quartz amorphes. On en convertit dans le canton 400 mètres cubes en briques. Au Clerjus, on en tire 50 mètres cubes pour des laves, dalles ayant trois centimètres d'épaisseur et servant pour les toitures. Bien comprimé par la force d'affinité, il compose des roches peu dures, dans lesquelles on voit des débris de végétaux pétrifiés; roches bien remarquables à Fontenoy-le-Château, où il fournit de belles pierres de taille à grandes dimensions.

On a trouvé dans ce grès bigarré des plagiostoma, des térébratules, animaux pétrifiés. C'est dans cette terre que M. Macron a recueilli plusieurs fossiles qu'il a envoyés en 1845 au musée d'Epinal. Du reste on n'y voit peu de débris du déluge. Il paraît que les eaux auraient passé dans ces lieux avec une grande rapidité, en découvrant les terrains et formant les vallées de dénudation.

Au pont de Coney, de chaque côté de la rivière,

sur les collines, le grès bigarré est à la même hauteur. En entrant à Fontenoy par la Pipée, et en sortant du côté du Magny, à gauche de la rivière, la pente des côteaux est recouverte de granit avec grès à la cîme seulement. Si on perce le granit latéralement à une certaine profondeur, on pénètre dans le leptynite, composé de feldspath grenu et quartz avec mica en grains. C'est de ce leptynite que sort une source placée près du moulin, situé sur le chemin de Magny, et qui, dit-on dans le pays, charrie des paillettes d'or. Mais ce ne sont que des paillettes de mica qui a l'éclat de ce métal; et qui, pulvérisé, est employé pour sécher l'écriture, sous le nom de *poudre d'or*.

# CHAPITRE VI.

## MOULIN-AU-BOIS.

**I. Sonnette et piston. — II. Affinage, martelage. — III. Turbine. — IV. Etirage. — V. Recuit.**

### I.

Nous prenons le sentier de la prairie, parcouru par le manœuvre qui va livrer aux forges son travail pour un franc par jour. Nous avons à gauche le Bagnerot, petit ruisseau qui prend sa source à la Chapelle-au-Bois, passe à Bains, et dans ces prés, où il répand partout l'abondance. Plus loin ce sont les champs couverts de cerisiers faisant vestibule au bois des Fouillies. A droite la grande route bordée de ses marronniers, au milieu desquels vient aboutir le sentier que nous suivons.

Vous arrivez à l'usine du Moulin-au-Bois, mise en mouvement par ce ruisseau, sur les bords duquel on découvre une longue file de pêcheurs. La pêche y est tellement heureuse, surtout par un temps d'orage, que, partis avec une douzaine de cercles ou cerceaux, plusieurs reviennent avec 3 à 400 écrévisses.

Ce qui vous frappe tout d'abord en entrant dans cette forge, ce sont ces trois grands et énormes sapins, instrument qui, en mécanique, se nomme *sonnette*. Il est employé à élever un cylindre en fonte, appelé mouton, qu'on laisse retomber ici pour casser de grands morceaux de fonte; et ailleurs servant à enfoncer des pieux bien avant dans la terre, ou dans le lit d'une rivière.

Ces sonnettes sont dites *à tirande*, quand plusieurs hommes tirent la corde sans treuil ou cabestan.

Les emploie-t-on, elles sont *à déclic*. Quand la corde descend avec le mouton, on a un mécanisme particulier pour qu'elle se déroule sans qu'on soit obligé de retirer les barres.

Ici on évite tous les inconvénients. Le mouton tombe seul et ne perd pas de sa force en déroulant cette corde. On arrive à cet important résultat au moyen des tiges de cette pince que vous voyez croisées. En montant, l'extrémité d'une de ses tiges est retenue dans une ouverture pratiquée dans l'autre. Quand le mouton est élevé, au moyen d'une ficelle venant tomber à terre abaissez le levier. L'autre tige est libre; le poids agissant avec force, l'éloigne bien vite, et se détache de lui-même.

A gauche encore, sur le penchant de la colline, vous trouvez enfoncée dans le bois une machine soufflante à roue avec grand bras, devant marcher à peu d'eau. Pour pousser ce piston dans ses guides ou prisons, vous ne voyez plus le *mentonnet*, pas même les *cammes*, s'élevant dans la direction de l'axe. Avec le mouvement de l'ellipse, sur laquelle un *galet* mobile diminue le frottement, on transforme un mouvement curviligne en un mouvement vertical.

L'air comprimé est produit et lancé au loin au moyen de deux soupapes qui s'ouvrent de bas en haut : une fixée au piston, l'autre au tube conducteur. Le piston descendant, le vide est fait dans la caisse; la soupape du piston est soulevée par l'air extérieur et aspire. Le piston remontant dans la caisse, l'air comprimé la presse et la tient fermée. On a alors ouverture de la soupape supérieure; ainsi de suite alternativement. C'est le jeu du simple soufflet. Suivons ce vent jusqu'au cylindre, où il attise le feu, présentant toujours de l'oxigène de l'air aux charbons embrasés.

M. Perrot a présenté, à l'exposition dernière des produits de l'industrie, un fusil chargé avec l'air comprimé, qui lance 3,000 balles sans diminution sensible de tension. M. Andraud, voyant le bois disparaître et la houille s'épuiser, a fait, avec ce moteur donné par la Providence, et qu'on a partout sous sa main, des applications qui rendront le plus grand service aux fabricants, et relégueront au garde-meubles les machines à vapeur. En employant des tubes en fonte à paroi intérieure vitrifiée, et dont les bouts sont unis par des rondelles de caoutchouc pour éviter les pertes d'air dans la contraction à ces points de jonction, ou bien se servant de tubes tout entiers en caoutchouc, il peut lancer l'air à 5 lieues en perdant seulement 1/4 d'atmosphère; à plus de 50 lieues, si le tube conducteur a un grand diamètre, en perdant, sur 3 atmosphères, 1/2 seulement. Si l'on a de l'air emmagasiné, on le conduira à une grande distance dans les villes, comme l'eau et le gaz à éclairage, en donnant aux abonnés la force d'un chien, ou d'un homme, ou de plusieurs chevaux pour faire marcher les meules et toutes sortes de machines. Ce n'est pas une chimère, puisqu'en Angleterre il y a 17 usines qui roulent ainsi, quoique placées à 1, 2, 3 milles des rivières qui leur servent de boute-en-train. Les balanciers des hôtels des monnaies de Vienne et de México vont par le même système.

De plus, il l'a appliqué comme force motrice au chemin de fer. Un coin poussé en avant fait avancer aussi un rouleau; un tube dans lequel on souffle produit le même effet. Il a donc un tube, en caoutchouc, aplati. Si on le gonfle avec l'air comprimé, il poussera l'essieu de la locomotive avec la moitié des frais et sans les dangers du moyen ordinaire, la vapeur. Les wagons de M. Andraud ont parcouru 150 mètres.

Voici la différence qu'il y a entre ce chemin de fer et le chemin atmosphérique. Dans celui-ci on a un tube en fonte muni d'un piston. A ce piston est attachée une tige verticale passant dans une rainure pratiquée le long du tube. Que l'on fasse le vide à une extrémité au moyen de la pompe pneumatique; la pression atmosphérique pousse le piston et avec lui les wagons attachés à la tige. Après son passage, des espèces de soupapes en cuivre, recouvertes de cuir, s'abaissent, et un petit char portant des charbons embrasés suit le convoi, fond du suif. Ainsi les ouvertures sont fermées plus ou moins. Delà, outre le frottement, un inconvénient qui n'existe pas dans le procédé à air comprimé.

## II.

Le minérai de fer est bien impur quand il entre dans les hauts-fourneaux. Il en sort sous la forme de gueuses qu'il faut débarrasser de leur trop grande quantité de carbone ou de laitier. On la dégage de ces substances dans le four d'affinage, surtout en l'exposant, avec le ringard, à l'air qui brûle ce charbon pendant que le laitier fondu surnage et s'écoule, quand la partie latérale du feu est ouverte. On ne saurait se faire une idée des précautions, des soins, des attentions délicates qu'il faut apporter dans la fabrication du fer. Un refroidissement inopportun, une chauffe un peu trop forte, un coup de feu trop vif peuvent rendre le fer aigre ou cassant, impropre à certains usages, d'un emploi et d'un traitement difficile. Les Anglais ont été longtemps nos maîtres, mais maintenant c'est le cas de dire : *c'est en forgeant que l'on devient forgeron.*

De plus, voyages à l'étranger, visites souvent dangereuses dans les ateliers : M. Falatieu n'a rien négligé pour établir dans ses usines les plus récentes améliorations.

Quand l'ouvrier a fait, avec la fonte convertie en fer, un paquet ou loupe, il la porte au marteau d'où elle sort tantôt en carrés, tantôt sous forme de barres, ici de barreaux. Cette loupe est une masse informe, boursoufflée, couverte çà et là de scories d'une température, qui lui donne un éclat d'un blanc vif. Le martelage expulse ces scories, et donne au fer toute sa compacité.

Le marteau est un gros morceau de fonte, fixé au bout d'un manche, et qui produit une pression sur une autre masse de fonte qui se nomme enclume. Tout le monde sait ce que c'est qu'un marteau; mais tout le monde n'a pas vu un marteau des grandes forges. Ce sont d'énormes masses de fonte qui retombent avec un bruit affreux sur une enclume cyclopéenne.

Le forgeron saisit sa pièce par un bout avec une tenaille à branches recourbées, qui se nomme *écrévisse*. Un aide la soulève par l'autre extrémité avec un levier. Elle est placée sur l'enclume, le marteau frappe avec mesure, et chaque coup fait jaillir une pluie d'étincelles. Ces étincelles ne sont que du carbone, de la silice et des scories dont le marteau achève de purger le fer. Quelquefois c'est de la fonte que la négligence de l'ouvrier y a laissée. La pièce est présentée dans tous les sens au choc du marteau, puis on la coupe avec le *hacheron*. Ce premier martelage du fer se nomme cinglage. Le marteau est soulevé par un arbre armé de grosses dents, ou *cammes*. L'une des cammes s'engage sous le manche et l'élève, puis se dégage, et le marteau retombe de tout son propre poids, jusqu'à ce qu'une nouvelle camme se présentant, le même effet se produise. Pour augmenter la force de la chute, on place au-dessus une pièce de bois élastique et fixée seulement par l'extrémité opposée au marteau. Celui-ci, dans la partie supérieure de son ascension, vient presser contre l'extrémité libre de cette poutre; et à l'instant, où la camme se dérobe, cette extrémité presse à son tour sur le marteau, comme un ressort, et le rebat avec violence. Un enfant placé à côté du forgeur, tenant une perche qui communique avec la vanne, fait arriver, à son ordre, plus ou moins d'eau sur la roue, et accélère ou retarde à volonté les battements. Souvent c'est une machine à vapeur qui donne à ce marteau le mouvement, ou bien une roue hydraulique ordinaire sur laquelle on laisse venir l'eau. Ici c'est une roue que l'on désigne sous le nom de *turbine*.

III.

Une turbine est une roue à réaction, à axe vertical et à palettes horizontales.

Le mouvement est donné à cette machine uniquement par la pression de l'eau, pression qui, dans certaines circonstances, est assez considérable pour briser les digues d'un canal, ou pour faire éclater un tonneau. Quand aucune des parois d'un vase n'est percée, la pression latérale s'exerçant également des deux côtés, il y a équilibre, et le vase reste immobile ; mais faites un trou dans une paroi, la pression, s'exerçant librement sur le côté opposé, mettra dans ce sens le corps en mouvement, s'il est sur des roulettes. Malgré cette grande simplicité, il n'y a guère qu'un demi-siècle qu'on a eu l'idée de cette machine hydraulique.

La première était un réservoir terminé par un tube vertical communiquant, à son extrémité inférieure, à des tubes horizontaux. Ces tuyaux avaient une ouverture latérale pour laisser échapper l'eau, et la machine prenait un mouvement de rotation opposé à la direction suivant laquelle l'eau s'écoulait. La pression, que le liquide produisait sur la paroi du tube opposée à l'ouverture, était une force qui sollicitait le tube à tourner. Mais le réservoir lui-même participait au mouvement, et delà une perte de force.

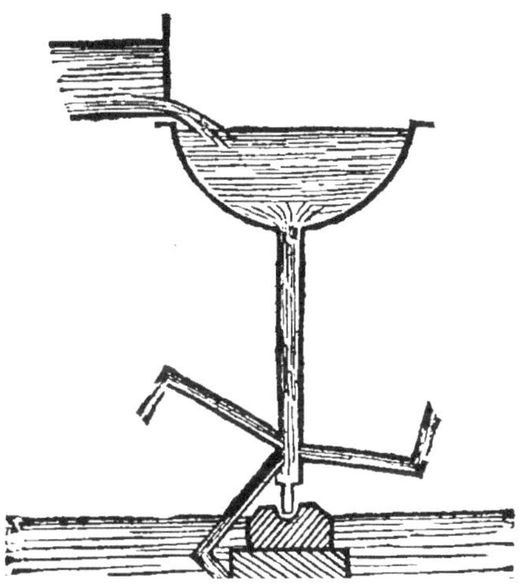

M. Burdin, ingénieur des mines, a pu éviter cet inconvénient en 1824; et c'est sa machine qui, la la première, a porté le nom de *turbine*, nom appliqué depuis à plusieurs autres roues du même genre. Dans la sienne, la roue était une espèce de cylindre, ou tambour, détaché du réservoir, terminé à sa partie inférieure par un pivot reposant sur une *crapaudine*. La roue tournait seulement avec son axe sans le réservoir, mais l'eau pesait sur elle. Delà un frottement.

M. Fourneyron a donné le dernier perfectionnement. On n'a plus cette pression verticale sur la roue; il n'y a plus que la pression latérale dans la direction du mouvement. C'est cette dernière qui est établie au Moulin-au-Bois.

Pour la bien comprendre, concevons une roue à palettes courbes, roue mobile avec son axe vertical. Que cette roue soit vide intérieurement, c'est-à-dire, à partir de son axe, paroi intérieure à laquelle sont adaptées les palettes. Qu'on emboîte dans l'intérieur de cette roue une espèce de tonneau plus élevé qu'elle, de sorte que la roue soit placée à sa partie inférieure. Ce grand tube, appelé *distributeur*, est fixe et percé latéralement d'ouvertures verticales. L'eau, qui le remplit, en sort par des espèces d'aubes courbes, se prolongeant jusqu'à sa circonférence externe, et arrive perpendiculairement aux aubes de la roue. Ce grand tube, pour que l'axe vertical tourne plus facilement, n'est pas au-dessus de la roue. Il descend à côté; sa partie inférieure coudée, passe sous la roue et s'ouvre dans le distributeur. La pression est la même, et quelques inconvénients sont évités. Ces cloisons courbes du tonneau ont reçu le nom de courbes directrices, parce qu'elles dirigent l'eau sur la roue.

Cette roue, qui a seulement quelques pieds de

diamètre, forme une espèce de disque recouvert à ses deux bases horizontales, et n'étant ouvert extérieurement que dans son côté cylindrique, suivant le prolongement des aubes. C'est par ces ouvertures de la roue que l'eau s'échappera tangentiellement à la circonférence du disque. On peut employer, pour suspendre le mouvement et le régler, une vanne intérieure qui sera alors un cylindre ou manchon, qui entre dans le tonneau, et bouche ses ouvertures jusqu'à la profondeur que l'on veut. On peut même, en le descendant jusqu'au bas du tube, empêcher entièrement l'entrée de l'eau, et alors la roue est immobile. Au Moulin-au-Bois, la vanne est extérieure; au moyen d'un levier pressé par un poids, on soulève facilement le cylindre concentrique, et l'eau s'échappant des aubes, la roue tourne.

Un des avantages de cette turbine, c'est que l'eau entre de toutes parts et agit sur toutes les aubes à la fois. De plus, la roue ne supporte pas verticalement une haute colonne. Toute la pression verticale est sur le tambour immobile.

L'orifice du tonneau de ces machines peut être entièrement noyé, ce qui permet à la roue de fonctionner dans les temps des fortes gelées, ou des grandes crues d'eau. M. Fourneyron a établi, entr'autres, une turbine, qui fait 2,300 tours à la minute sous une chute d'eau de 100 mètres. Elle est d'une force de 40 chevaux, force qui varie selon les lieux. Cette mesure est de 60 à 80 kilogrammes, élevés à un mètre de hauteur dans une seconde.

### Explication de la figure.

Cette figure représente la partie intérieure de la turbine, dont on a enlevé la plaque supérieure horizontale, entre laquelle et la plaque inférieure aussi horizontale, arrive l'eau dans les intervalles des aubes,

**A**. Le bas du grand tube, ou tambour vertical immobile, appelé *distributeur.*

**B**. **B**. Aubes du distributeur, qui conduisent l'eau perpendiculairement aux aubes de la roue.

**C**. Roue large, recouverte de deux cercles ronds, entre lesquels l'eau s'échappe tangentiellement.

## IV.

Des barreaux de 50 à 80 centimètres de longueur, sont trempés dans l'argille délayée dans l'eau, et recouverts de boue. Cette terre met le fer à l'abri de l'air, quand il est placé dans les fours; diminue l'oxydation, ou crasse, sans cela produite bien vite par une grande chaleur. Il en est tiré pour passer au cylindre.

C'est en Angleterre que furent établis les premiers laminoirs en 1787. Cependant quelques-uns attribuent cette invention à la France, et prétendent qu'il y en avait en Lorraine en 1760. Au Moulin-au-Bois, le laminoir étireur est composé de trois cylindres superposés. Lorsque le barreau de fer a passé entre les deux cylindres inférieurs, un ouvrier le livre au cylindre supérieur qui l'étreint contre le cylindre central. Ce système accélère singulièrement le travail. Le reste de la machine à étirer renferme des vis de pression, des roues dentées pour la transmission du mouvement, des jambes et des montants en fonte pour porter l'ensemble des rouages et engrenages.

Le soir surtout vous croiriez, comme sur les têtes des Euménides, voir courir sur ces cylindres des serpents enflammés et menaçants. C'est un beau spectacle qui emprunte à l'obscurité quelque chose de bien surprenant. Cependant cette pièce s'est transformée de tenaille en tenaille ; le diamètre est bien diminué ; le barreau a plusieurs mètres de longueur ; il est tourné en spires autour d'un instrument que les forgerons appellent tourniquet.

Si vous voulez le voir s'allonger beaucoup plus, rendons-nous à la Pipée, où l'on voyait à la fin du siècle dernier une papeterie, qui a été remplacée par la tréfilerie. On établit maintenant, dans une partie de l'usine, une fabrique de couverts, qui en fera 1,200 douzaines par jour.

Nous trouvons bientôt l'embouchure du Bagnerot dans le Coney, rivière dont nous suivons le cours à travers une vallée déserte, resserrée, dont les prés sont bien vite terminés par des bois magnifiques, les Fouillies et le bois Banni.

L'étirage se fait à froid. Cette lame, fixée verticalement sur ce banc, porte le nom de filière. Elle est en acier bien trempé, percée de trous à diamètres plus petits que le fer. On place en avant le rouleau au dévidoir, et on a soin de diminuer l'extrémité du fil. Derrière se trouve la bobine, espèce de tambour armé d'une pince. Cette tenaille vient mordre le bout plus fin placé dans la filière. Par un mécanisme quelconque, que l'on donne à la bobine un mouvement de rotation, le fer cède à l'acier plus dur ; la pression l'allonge ; et, plus petit, il s'envide en rouleau autour de cette bobine. Mais, à la suite de cette pression, le fer devient rigide et cassant ; c'est ce que l'on appelle écrouissement. Cet écrouissement vient de ce que les molécules se sont rapprochées trop les unes des autres, alors il n'y a plus de pores, plus de place pour la dilatation ; ou bien, c'est encore parce que ses atomes, glissant les uns sur les autres, ont perdu la disposition qu'ils ont naturellement. On peut les voir à la loupe, disposés en fibres allongées, un peu inclinées et entremêlées. Se trouvant ainsi dans des relations forcées, ils perdent leur adhérence mutuelle. Le fer s'écrouit beaucoup plus que le plomb, l'étain et l'or. Après quelques millimètres de diminution il faut donc replacer ses atomes, lui remettre des pores ; on le fait par le recuit. En l'exposant à une chaleur rouge, on augmentera la ductilité, on permettra aux molécules, amenées à un état de tension plus ou moins forte, de se céder mutuellement, et de s'arranger, en laissant des espaces vides entr'elles, dans une position moyenne, où l'équilibre, entre les forces opposées, se trouve rétabli. Alors on recommencera, sans aucune difficulté, les opérations d'étirage.

Voici comment on fait ce recuit.

## V.

Les rouleaux sont ramenés au Moulin-au-Bois, à la première usine. Mais, si on ne les soustrait pas au contact de l'air, il y aura bien vite oxidation, combinaison avec l'oxigène de l'atmosphère, crasse et perte nouvelle. Pour éviter ce déchet, on place dans des chaudières en fonte les rouleaux traversés par ce tube du milieu. L'instrument bien rempli, le couvercle est placé et les fentes bien bouchées avec de la terre. Une tige, terminée par deux ouvertures, est descendue dans ce tube en fonte; un ringard placé horizontalement la fixe sous la chaudière; attachez la partie supérieure de cette tige à la chaîne d'une grue. Si on tourne le treuil, la masse est enlevée et se trouve en équilibre. Comme la grue a un mouvement de rotation sur elle-même, on transporte facilement cette chaudière derrière le four. Un crochet vient saisir par le bas du tube le milieu de la masse. Alors un treuil horizontal la fait glisser sur des tuyaux en fonte, dans lesquels coule de l'eau qui empêche leur fusion. Cette chaudière reste ainsi exposée au calorique plusieurs heures. Pendant ce temps un changement s'opère, et les atomes ont repris leur première position. On a le même mécanisme pour retirer la chaudière du four et la placer sur le sol, où le fer se refroidit, toujours sans le contact de l'air, et redevient flexible. Si on a pris des barreaux, dont toutes les parties soient homogènes, toutes en nerfs, ce qui est excessivement rare, ou toutes en grains, ce qui est plus commun, on obtiendra des fils aussi fins que les cheveux après ce recuit, des fils dont 8 passeront ensemble dans le trou d'une aiguille, comme on en fait à La Chaudeau.

Pour cuivrer le fer, on le laisse tremper dans du sulfate de cuivre (couperose bleue), dissous dans l'eau chaude. Il se couvre bien vite d'un précipité. Le poli lui est rendu en le passant une fois à la filière. Il est alors bien cuivré et à peu de frais.

Dans les deux usines du Moulin-au-Bois, il y a deux feux de forge, plusieurs fours pour le fil de fer, un pour cuire le pain chauffé avec le calorique du foyer.

On emploie à peu près chaque année 466,443 kilogrammes de fontes provenant des hauts fourneaux de la Comté; 2,529 mètres de charbon des forêts des Vosges. Avec ces matières premières, on produit 342,680 kilog. de fer en barreaux pour le cylindre de l'usine, et de plus des fers marchands : c'est une valeur de 181,620 francs. De plus, on cylindre beaucoup de fer pour La Chaudeau. Le salaire moyen des ouvriers est de 1 fr. 50 c. à 2 fr. par jour.

# CHAPITRE VII.

## MANUFACTURE.

**I. Notions historiques. — II. Vapeur. — III. Machines. — IV. Etamage. — V. Fonderie.**

### I.

Il faut partir le matin après le bain, si vous voulez voir tout ce qu'il y a de curieux à la Manufacture.

Vous arrivez entre deux belles rangées d'arbres au-dessus de la colline qui domine cette grande usine. Le beau spectacle ! La pente est divisée par les petits coins de terre que les ouvriers appellent leurs jardins.

Maisons modestes des ouvriers, maison du maître ; chapelle avec son joli clocher, rappelant aux habitants la piété des aïeux ; le bruit de la vapeur, vapeur condensée s'élevant avec des étincelles qui y brillent comme des étoiles ; flamme qui le soir semble portée jusqu'aux astres ; cheminées se fermant et s'ouvrant brusquement, comme autant de cratères en éruption ; toute la vallée couverte d'une population heureuse ; les charrois de toute nature, de charbon, de fer, couvrant les chemins ; souvent les fumées des charbonniers s'élevant du sein des bois, et répandant dans l'air une forte odeur ; les battements des marteaux ébranlant l'atmosphère et signalant la puissance de l'homme : tout vous intéresse et vous réjouit. Vous vous arrêtez pour admirer cette industrie, si utile au développement des arts.

Cet établissement, avec la permission du duc Léopold I, fut fondé en 1728 par George Puton, maître de forges à Remiremont, et les frères Coster et Villiers, banquiers à Nancy. Ils reçurent ensuite en 1755, du duc François III, des jouissances et des immunités considérables pour trente années. Il leur accorda le droit de prendre, dans les forêts du domaine ducal, tous les bois nécessaires à la construction de leur bâtiment et de leurs machines ; la franchise du cours d'eau sur la rivière du Coney ; le pouvoir d'empêcher l'élévation de toute fabrique du même genre dans le rayon de deux myriamètres ; l'exception du droit de la marque des fers sur leurs produits, du droit d'entrée sur les matières premières employées par eux, ainsi que de toute charge et contribution publique, non seulement pour eux, mais aussi pour leurs ouvriers ; la faculté de faire paître leurs bestiaux dans les forêts voisines.

Ces priviléges furent renouvelés pour 15 années, par arrêt du conseil de Lorraine du 11 novembre 1766, et lettres patentes du 26, en faveur d'André Valet, marchand à Nancy. Pour que la protection du prince fût plus évidente, la manufacture reçut du roi Stanislas le titre de Manufacture royale, qu'elle fit placer, avec les armes du souverain, au-dessus de la porte d'entrée ; et l'appel du jugement de son commissaire se portait directement au conseil des finances. Elle devint, à la fin du siècle dernier, la propriété de M. Joseph Falatieu, de glorieuse et chère mémoire, dont le corps repose au cimetière de la paroisse.

M. le baron Falatieu est né en 1765, et mourut dans sa manufacture le 23 octobre 1840.

Il introduisit dans cette usine des améliorations qui l'élevèrent au rang des premières usines de France, et valurent à son maître tous les genres d'encouragements et d'honneurs. Ses produits ont occupé constamment une des places les plus distinguées dans les expositions publiques. M. Falatieu fut maire de Bains, membre du conseil général du département, qu'il a présidé plusieurs fois, député, membre du conseil général des manufactures de France. Il a terminé une vie, pendant laquelle il avait fait tant de bonnes œuvres, par une mort très-chrétienne, supportant avec la résignation la plus parfaite les cruelles souffrances d'une longue maladie. A l'amour des sciences exactes et des arts, il unissait la plus grande ardeur et le goût le plus pur dans l'étude de la littérature.

M. Falatieu a non seulement fait la richesse de sa famille, mais aussi de son pays, qu'il a doté d'établissements utiles, et dans lequel il a aussi fait circuler d'immenses capitaux. Aussi bon politique que grand industriel, il s'est montré, par la sagesse de ses votes, digne du mandat qui lui avait été confié. Ses legs de bienfaisance sont nombreux. L'un est de 10 mille francs à l'hospice de Bains.

C'est à la manufacture que naquit Jean-Louis Chavane, le 5 juin 1751. Il fut successivement procureur du roi à Corté (Ile de Corse), juge royal, conseiller au conseil supérieur de Corse, juge au district de Corté, président du tribunal du district de Darney, juge au tribunal des Vosges, maire d'Hennezel, juge de paix à Darney, nommé procureur général à Bastia, emploi qu'il refusa, juge au tribunal de Mirecourt, et enfin président du tribunal de première instance d'Epinal, puis chevalier de la légion d'honneur. M. Chavane mourut à Bains, après 60 ans de fonctions remplies avec la plus haute intégrité, le 7 avril 1835.

## II.

Entrez avec la permission du maître, et le spectacle, dont vous serez témoin, ne vous sortira jamais de l'esprit.

Dans un immense atelier, recouvertes de fours très-ardents, s'élèvent 5 fournaises devant lesquelles sont debout des cyclopes robustes et jamais avinés. L'artillerie des outils est en bon état, les roues bien graissées; tout le monde à sa besogne sans paresse et sans peur; tous très-prévenants et très-polis. Malgré ce calorique intense, comment, direz-vous, y voit-on des hommes de 50 à 60 ans? Leurs corps seraient en effet carbonisés depuis longtemps, s'ils n'étaient rendus incombustibles par la réflexion de la toile blanche qui les entoure, et par la sueur abondante qui les couvre, et dont l'évaporation enlève beaucoup du calorique émis par le feu. De plus, on a fait arriver tout récemment devant le foyer, entre deux tables de tôle, de l'eau qui en absorbe aussi en se convertissant en vapeur; du reste l'eau est peu rayonnante.

Dans la profession de forgeron, tout est expérience et pratique. L'ouvrier, qui se consacre à cette partie importante des arts manuels, doit être robuste et d'un fort tempérament; il doit avoir la vue très-bonne qui s'affaiblira peu à peu en considérant le fer dans un feu éblouissant. Il faut que ses mouvements soient prompts, car il faut battre le fer quand il est chaud; son bras gauche doit être souple et l'articulation de son poignet déliée; en un mot, il lui faut une dextérité qu'on n'acquiert qu'avec l'usage, et dont on n'a nulle idée quand on n'a pas forgé. Le forgeron aura des connaissances accessoires sur le fer et le charbon.

Ainsi la pièce sera également chauffée dans toute son épaisseur. Car, si le calorique est seulement à l'extérieur, on risque en forgeant de rendre le fer pailleux, c'est-à-dire, qu'il y aura des gerces qui font solution de continuité avec les molécules.

Lith de D. Baltzer à Strasb

MANUFACTURE DE BAINS.

Copie d'une vue au Daguerréotype.

Afin que le vent se répande bien en divergeant, il aura soin de dégager de temps en temps l'orifice de la tuyère avec le ringard, de veiller à ce qu'un gros morceau de charbon ne se trouve pas devant l'ouverture. Pour que la chaleur soit très-intense, il ramasse le charbon en masse au-dessus du fer; il le tasse, jette de l'eau afin qu'il fasse une espèce de calotte au-dessus; s'il se forme un conduit, une échappée par lesquels le vent et la flamme se fraient un passage, il les bouche avec du charbon. Le fer n'est pas placé immédiatement devant le trou de la tuyère, car il s'oxyderait beaucoup. Le vent passe au-dessous et chasse la flamme dessus. Le fer est remué de temps en temps, afin que le charbon ne s'attache pas après. Si l'on ménage le charbon, le fer s'oxyde; si l'on en met trop, à la chaude suivante ce charbon, à demi-brûlé, ralentit l'activité du feu. Il faut, pour tomber juste, beaucoup de tact et d'habitude.

Comme le charbon a la propriété de décomposer l'eau en se combinant avec l'oxygène, gaz inflammable, le forgeron active la combustion en l'aspergeant de temps en temps avec ce liquide.

Je signale tout de suite à votre attention la machine à vapeur. Vous savez qu'il n'y a rien dont ne soit capable l'eau gazéifiée. Elle file, elle tisse et plus régulièrement qu'aucun ouvrier, puisqu'elle n'a pas de distraction et de fatigue. En trois coups, avec un mécanisme simple, elle fait des souliers. Par elle, des voitures vont seules se faire décharger à une grande distance. Sur mer, elle se joue des vents contraires et des tempêtes. Elle doit changer la face du globe. Ici elle forge soulevant cette masse de 7 à 8 mille, appelée marteau pilon.

C'est à tort que l'on a fait honneur à l'Angleterre de cette puissante et magnifique création mécanique.

La connaissance de la force de la vapeur de l'eau remonte à une assez haute antiquité, puisqu'elle n'était pas ignorée de Héron d'Alexandrie, qui vivait il y a bientôt deux mille ans. Mais l'application est assez récente. Non seulement la France figure avec honneur dans l'histoire de cette nouvelle industrie ; mais c'est à elle que sont dues les premières idées, émises à 75 ans d'intervalle, sur son emploi pour élever l'eau et comme moteur universel.

On la doit à Salomon de Caus, né dans les environs de Dieppe, qui vint en 1615 présenter à Louis XIII un livre renfermant ses effets merveilleux. Richelieu le renvoya comme fou sans vouloir l'écouter, le fit enfermer à Bicêtre, où le malheur et la captivité altérèrent en effet sa raison. Mais il nous reste son livre : *les raisons des forces mouvantes*, dont le marquis de Vorcester a profité après avoir fait une visite au prisonnier. *Lettres de Marion Delorme* 1641.

En 1690, un Français très-ingénieux, Denys Papin, après avoir énuméré les inconvénients qui se rencontrent dans l'usage de la poudre, dont le principal est qu'on ne peut faire un vide parfait, propose d'employer la vapeur.

Il établit : 1° qu'elle a une grande force de ressort; 2° qu'elle se condense par le froid ; 3° que cette condensation formant un vide, le piston soulevé retombera, et delà un mouvement de va et vient que l'on peut utiliser de mille manières, même pour la conduite des vaisseaux.

De plus, c'est un Français, Cugnot, qui eut l'idée d'une locomotive, présentée plus tard sous une autre forme par Séguin. C'est Jouffroy qui, le premier, a lancé un bateau à vapeur dans la Bourgogne, bateau mis en usage par le peintre Américain, Fulton, mais bien perfectionné encore par un Français, nommé Sauvage.

Ainsi il faudrait être trois fois Anglais pour enlever à la France l'honneur de découvertes si précieuses, comme on l'a fait trop longtemps. Avouons cependant que nous devons à l'Angleterre d'importantes améliorations. Tout le monde connaît les noms de Savery, Cawley, Newcomen, surtout Vatt, Trévitick, Stephenson, auteurs d'appareils dont nous renvoyons l'examen aux livres spéciaux.

Voici l'explication des parties que vous désirez connaître. Dans l'intérieur de cette montagne de briques, se trouve la chaudière entourée de cheminées conductrices de la flamme du foyer. Cette chaudière est composée de deux cylindres horizontaux et communiquants. L'inférieur, le bouilleur, est toujours plein d'eau, le supérieur a la moitié de vapeur. C'est la chaudière proprement dite que nous foulerons sous nos pieds, si nous nous élevons au-dessus de la montagne intérieurement embrasée.

Voyez d'abord, à gauche en montant, ce tube recourbé, qui communique d'une part avec la partie de la chaudière où se trouve la vapeur, et d'autre part avec l'atmosphère. Du mercure versé dans sa partie inférieure indique, par sa *dénivellation*, l'excès de pression de la vapeur sur l'air atmosphérique.

Nous sommes sur la plate-forme. Voilà une tige verticale qui sort de la chaudière. Cette tige est munie d'un flotteur qui repose sur l'eau ; sa partie supérieure, que vous voyez, dirige un levier tournant autour d'un centre fixe, et dont l'aiguille indique, sur une échelle graduée, la hauteur de l'eau.

Pour éviter que la vapeur ne prenne une tension trop considérable, et n'occasionne l'explosion de la chaudière, on a adapté à celle-ci deux soupapes de sûreté, qui doivent livrer passage à la vapeur quand elle atteint une certaine tension déterminée. Cette soupape est une soupape ordinaire conique qui s'introduit dans un petit tube communiquant avec la chaudière. Elle produit une certaine pression déterminée au moyen d'un levier chargé d'un poids à son extrémité, que doit soulever la vapeur pour s'échapper.

Par un autre tube vertical et saillant, la vapeur trouve une issue en mettant l'air en vibration. C'est le cri d'alarme très-aigu. Si le flotteur s'abaisse, il est ainsi indiqué qu'on doit envoyer de la vapeur à la pompe qui fonctionne et donne de l'eau. De plus, un autre tube assez gros peut permettre à la vapeur de s'échapper dans l'atmosphère avec un bruit affreux, que l'on n'entend pas sans frissonner et qu'on ne peut décrire.

Avec toutes ces précautions est-il possible d'avoir encore des accidents? Oui certainement. En général ce n'est pas l'accroissement régulier de température qui cause les explosions. Il y a d'autres causes qui agissent malgré les soupapes de sûreté.

La principale est l'abaissement de l'eau dans la chaudière, suite de la négligence de l'ouvrier. Lorsque cet abaissement a lieu, les parties métalliques, qui ne sont plus en contact avec l'eau, peuvent devenir incandescentes.

Or, quand la soupape s'ouvre, la tension de la vapeur diminue; la pression qu'elle exerce sur l'eau est donc moindre, et par l'élasticité l'eau est projetée sur le métal incandescent. Alors une très-grande quantité de vapeur est produite subitement, et l'ouverture est insuffisante pour lui livrer passage. D'un autre côté, la partie incandescente a moins de force pour résister; il y a donc explosion. On a remarqué en effet que souvent la rupture de la chaudière s'était faite à la hauteur du niveau de l'eau, parce que cette partie n'est plus recouverte par la maçonnerie, comme est la partie supérieure ; elle est à l'air libre pour recevoir l'action du feu. Les dépôts terreux qui se forment dans la chaudière peuvent être encore une cause d'explosion. Ces dépôts forment une croûte qui recouvre une partie de la paroi de la chaudière, et qui, la séparant de l'eau, lui permet de rougir. Alors, s'il arrive qu'une portion de cette croûte se détache, l'eau se trouve en contact avec le métal incandescent, et il se forme tout à coup une grande quantité de vapeur qui occasionne l'explosion. Il faut donc avoir soin de nettoyer souvent la chaudière. Ou bien on s'oppose au dépôt en y répandant des rapures de pommes de terre, ou de l'argile plastique en poudre fine, ou des morceaux de chêne.

La vapeur passe dans le tube le plus grand, soulève le piston auquel est attaché cet énorme marteau appelé pilon. Son enclume repose sur des madriers flexibles, afin que la vitesse ne se perde pas subitement, et que le coup soit amorti. Autrement on ébranlerait les fondations de l'édifice.

## III.

Ne nous occupons plus du fil de fer, que nous avons étudié, pour concentrer toute notre attention sur la fabrication des feuilles. Nous savons comment on obtient les barres. Après avoir été battue comme le barreau, cette barre passe sous des cylindres qui l'écrasent et l'allongent ; ensuite la cisaille la coupe par morceaux. Anciennement elle était achevée au marteau, appelé platineur ; mais elle est terminée maintenant au laminoir qui a été établi à Freland en 1807, en 1821, à la Manufacture ; en 1830 on l'a reconstruit comme il est aujourd'hui. Ce fer allongé est replié sur lui-même plusieurs fois ; reporté au four, il revient au laminoir. En la coupant en deux, on trouve huit parties collées l'une sur l'autre dans cette grande feuille.

Pour que le fer se combine avec l'étain, il doit être parfaitement décapé; l'étain n'adhérerait pas là où il existerait une trace d'oxide. On soumet d'abord ces feuilles à l'action de l'acide hydrochlorique étendu d'eau, dans lequel elles restent 5 à 6 minutes. Si ces feuilles étaient planes, on trouverait difficilement le moyen d'exposer toutes leurs surfaces à l'action de l'air échauffé. Pour y parvenir, on les plie en forme de $\Lambda$ avant de les plonger dans l'acide; ensuite, au moyen d'une tige de fer que l'on passe dessous, on les enlève pour les porter dans le four, chauffé au rouge. Lorsqu'elles ont atteint cette température, on les retire pour les refroidir à l'air ; leur surface se découvre par la séparation d'écailles d'oxide qui s'en détachent. Alors un ouvrier les redresse, en saisit plusieurs avec sa pince, les frappe avec toute la force dont il est capable contre un bloc, ou plaque en fonte, sur lequel elles se nettoient par la séparation des croûtes d'oxide. Ensuite on les passe sous un cylindre, appelé laminoir à redresser, pour unir leur surface. Car, si elles n'étaient pas unies, les cavités se rempliraient d'une couche d'étain. En travaillant le fer, on en détacherait une grande partie, et la pièce fabriquée avec le fer-blanc n'offrirait jamais qu'une surface raboteuse.

Arrêtons-nous un instant près des pièces qui servent à communiquer et à transformer le mouvement pour le laminoir, pièces que l'on appelle organes des machines.

Voilà d'abord une énorme roue à grande force à cause de son levier. Ensuite viennent des engrenages qui ont pour objet la transformation du mouvement circulaire en un point, en un autre sur un autre point. Avant ces roues à dents, on employait le frottement d'une roue sur une autre, frottement augmenté par des bandes de cuir. Mais l'entretien était trop grand, la force pas assez intense; une résistance imprévue arrêtait bien vite la machine. On faisait les premiers engrenages d'une manière bien défectueuse. On est venu jusqu'au 17e siècle sans avoir la théorie mathématique de ces engrenages. En vain Leibnitz a voulu revendiquer cet honneur pour Rœmer. Il ne nous est rien resté de l'astronome Suédois sur ce sujet, tandis que de Lahire a cultivé, avec beaucoup de soins et d'étendue, ces calculs dont il proposa l'application en 1692. Et, pour conserver à chacun la gloire qui lui est due, il faut ajouter que Lahire semble nous dire que le nouveau mode d'engrenages lui est venu à l'inspection d'une ancienne roue construite par Désargues. Il n'y aurait rien d'étonnant; car celui-ci était non seulement un géomètre très-savant, mais un génie dont ses plus illustres contemporains, Descartes et Pascal, faisaient le plus grand cas.

Si vous ne trouvez plus, dans cette usine, les épicycloïdes à fuseaux, dont l'ensemble de fuseaux, tourteaux et aluchons porte le nom de lanterne, vous admirez les engrenages à flancs, à développantes de cercle. On n'y voit pas les Anglais, les White avec lesquels M. Bréguet obtient dans les chronomètres plusieurs milliers de tours à la minute; d'autres disent à la seconde, ce qui paraît incroyable. A l'arbre de ce petit engrenage, qui tourne si vite dans le grand, est attaché le volant, masse dans laquelle se disperse la vitesse. Son but est de régulariser le mouvement des machines, de resserrer entre des limites, qui soient convenables, les variations de leur vitesse, différente selon la résistance et la puissance.

Nous avons dit comment on obtient, par les machines, transformation de mouvement. La force des roues se mesure avec des freins auxquels sont attachés des poids. Dans l'expérience on tient compte, non seulement de la résistance vaincue, mais de l'espace parcouru. On donne au total le nom de *travail,* ce qui signifie droit à un salaire, et l'expression reçue indique le poids et l'espace : c'est *kilogrammètre,* unité de 1,000 kilogrammes pour les grandes machines, ou d'un kilo, dans les petites, élevé à un mètre de hauteur dans une seconde.

## IV.

On doit la construction des premières manufactures de fer-blanc en France à Réaumur, né à La Rochelle en 1683, et mort en 1757. Cet observateur infatigable, aussi religieux que bon physicien, est aussi l'inventeur d'un thermomètre perfectionné, au moyen duquel on peut observer exactement les degrés de température. Il est divisé en 80 degrés, entre la glace fondante et l'ébullition de l'eau à 0,76 centimètres de pression.

Au fond du bâtiment, dans une atmosphère de chlore et d'hydrogène qui abrége ses jours, un ouvrier place les feuilles dans l'eau mêlée à l'acide hydrochlorique, ou muriatique. On a encore l'ancien système pour le *décapage*, qui consiste à mettre beaucoup de temps pour disposer une à une les feuilles sur une grille, et à en tremper peu à la fois dans les bacs. Parce qu'on a chauffé de 25 à 30 degrés centigrades, le dégagement du chlore se fait continuellement, et ainsi l'on perd beaucoup d'acide. J'ai appris qu'en Angleterre on est parvenu à l'économiser considérablement, et voici le moyen que l'on emploie. On a une pince qui peut contenir plus de deux mille feuilles entre ses branches. Quand elle est descendue dans le bac, on l'ouvre en agitant les feuilles. L'eau acidulée, chauffée de 25 à 30 degrés centigrades, pénètre ainsi dans toute la masse, et comme il faut peu de temps, elle ne s'évapore pas en si grande quantité. On commence à agir ainsi en Belgique, près de Liége, en obtenant de grandes économies, que l'étude de l'évaporation aurait dû indiquer depuis longtemps aux observateurs. Si on ne continue pas à opérer sur ces feuilles immédiatement, il faut les mettre dans l'eau pour empêcher l'oxydation.

Pour les étamer, on les plonge : 1° dans le creuset de suif, où elles restent aussi longtemps que le maître ouvrier le juge nécessaire. 2° Delà elles passent dans le creuset rempli d'étain, où elles se trouvent dans une position verticale. Il peut contenir 340 feuilles au moins qui y sont une heure à une heure et demie. 3° On les plonge, après les avoir retirées une à une, dans un autre creuset plus petit; on les repose ensuite sur une grille de fer, afin que le métal superflu puisse s'en écouler; mais, comme elles retiennent encore plus d'étain qu'il ne faut, on l'enlève par le lavage qui se fait de la manière suivante. 4° Elles sont portées dans un creuset dont l'étain est assez chaud. Le laveur, après un instant, en retire un petit nombre, les place devant lui; il en prend alors une avec une pince qu'il tient dans sa main gauche, et avec un tampon en chanvre qu'il a dans l'autre main, il frotte un côté; il la retourne ensuite, frotte l'autre côté, et la met immédiatement dans un second creuset qui est à sa gauche, appelé le creuset à laver. 5° Un autre ouvrier saisit, dans ce creuset, les feuilles une à une de la main droite, les retire assez lentement, puis les met dans le suif qui est placé à sa gauche. Toute cette opération se fait feuille par feuille. L'usage du creuset de suif est d'enlever tout l'étain superflu, ce qui demande beaucoup d'attention; parce que, pendant le séjour de la feuille dans la graisse, l'étain, qui est dans un état de fusion, ou au moins de ramollissement, s'écoule, et il en reste d'autant moins qu'elle demeure plus longtemps dans le suif. D'un autre côté, si elle ne passait pas dans le suif, ou n'y restait pas assez de temps, elle retiendrait trop d'étain, ce qui serait une perte, et en outre l'étain formerait des ondulations sur la surface. Il est également nécessaire que la chaleur du suif soit plus faible pour les feuilles épaisses que pour les minces. Car, comme une feuille épaisse contient plus de calorique qu'une mince, elle exige par conséquent que le suif ait moins de chaleur, sans quoi on la retirerait jaune comme de l'or. 8° Quand le laveur a mis les feuilles dans le suif, un autre ouvrier en prend une avec une pince qu'il tient dans la main gauche, la trempe, sur le bord inférieur, dans un autre petit creuset qui contient de l'étain en fusion. En la retirant, il la frappe d'un coup vif avec une règle, ou latte, pour faire tomber l'étain de la lisière, puis on la porte dans le coffre des torcheuses. Avant de la remettre aux femmes pour la dégraisser, il la plongeait anciennement, avec une grande vitesse, dans un creuset rempli d'eau de chaux bouillante. 9° Cette feuille, que l'on ne touche pas avec la main, mais entre deux lattes en bois approchées par un ressort, est enfoncée dans le tan, ou dans la sciure de bois, ou dans du son, enfin essuyée par une étoffe en laine. 10° Un ouvrier fait un triage en les considérant au jour; met de côté, pour les recommencer, surtout celles qui renferment des amas de points noirâtres. 11° Enfin, le fer est encaissé avec les marques indiquant la fabrique, le nombre de caisses expédiées, et celles-ci : IC, X, XX, XXX, pour distinguer la longueur et la largeur des feuilles. 12° Selon qu'il a été trempé dans l'étain pur, ou dans le plomb et l'étain, il a un éclat plus ou moins vif; et, selon cet éclat, il est divisé en terne et en brillant.

A la forge, on emploie par an environ :

6,350 mètres cubes de charbon de bois.

1,513,015 kilogrammes de fontes en gueuses et bocages, rognures de l'établissement, cuivre de Paris, suif, graisse et huile.

On produit :

914,400 kilog. de fers marchands laminés, cercles, fer noir pour le commerce, feuilles laminées et cisaillées, tôles, pièces de moulerie en fonte et en cuivre.

La valeur totale de ces produits est de 584,210 francs.

On a plus de 118 ouvriers à payer, outre les matières premières. Leur salaire moyen est de 2 francs par jour.

A l'étamerie, on emploie par an environ :

12 mètres cubes de charbon de bois; 361 stères de bois, ételles et poussière de tan.

790,520 kilog. de houille de Champagny, acide muriatique de Dieuze, suif du pays, étain de Banca (dans les Indes Orientales), plomb d'Espagne, feuilles : matières qui coûtent 525,757 francs.

On produit :

614,874 kilog. de fer-blanc, qui rapportent 543,832 francs.

## V.

La fusibilité des métaux est l'une des propriétés dont l'industrie humaine a su tirer les plus admirables partis. Des travaux, qui, avec l'emploi de l'enclume, du marteau, de la lime et du burin, demanderaient des années, s'accomplissent, à l'aide du moulage, en un clin d'œil et avec la dernière perfection. Dans notre siècle, surtout par le perfectionnement du moulage de la fonte et l'extension de ses usages, cet art est arrivé à conquérir, dans l'économie industrielle, une importance jusqu'alors inconnue.

On emploie deux espèces de fourneaux :

Les uns sont des *cubilos*. Ils sont verticaux et cylindriques, se terminant inférieurement par un creuset. Leur hauteur varie de 1 mètre à 6 ou 7 mètres, suivant l'importance de la fonderie. Le feu y est activé par la tuyère d'un soufflet, ici d'un ventilateur ; et l'on y charge la fonte concassée et le charbon ou coke par lits alternatifs ; mais il faut enlever souvent les scories accumulées à l'intérieur. Il n'y a qu'un *cubilo*, ou fourneau à manche, à la Manufacture.

Mais on y voit, pour les très-grandes pièces, deux fourneaux à reverbère, dans lesquels la fonte est séparée du charbon. On allume le feu de houille sur une grille, et l'on place le métal tout à côté sur une sole recouverte d'une voûte qui est commune au foyer. La chaleur se trouve répercutée par cette voûte, et delà vient le nom donné à ce genre de fourneau. A l'extrémité est une cheminée de 12 à 15 mètres, destinée à activer le tirage sur la grille. La fonte, à mesure qu'elle se liquéfie, se rend dans la partie inférieure de la sole, où est creusé un bassin.

Si vous vous trouvez à l'usine un jour de coulée, allez voir cette opération vraiment gigantesque et bien majestueuse, surtout si elle a lieu le soir. Les moules dans le sable sont terminés et secs ; le travail commence. On attaque un volcan, qui ronfle au milieu de la halle, et dans lequel bout depuis plusieurs heures un amas de fonte.

Le temps, nécessaire pour une fonte de 1,500 kil., est d'environ 6 heures. Une pierre réfractaire ferme l'entrée de ces fours. Elle est enlevée. Avec des poches en fer, on transporte le métal dans les petites pièces. Ensuite on perce cette fournaise, ce four, ou le cubilo dans le bas, pour donner issue à la fonte liquide qui, s'échappant avec bruit, roule dans des canaux. C'est une effroyable cascade de feu se précipitant dans une chaudière immense. Des ouvriers, qui feraient bien de se voiler pour se mettre à l'abri du calorique rayonnant, s'appliquent à débarrasser cette fonte de la cendre et de la suie tombées à sa surface; et la grue conduit le creuset sur les différents moules.

Quelquefois ce métal en fusion, pour les grandes pièces, passe immédiatement des canaux dans le moule. Si le sable est humide, on est exposé à de graves accidents. L'eau se convertit rapidement en vapeur, et a une tension assez forte pour lancer, à une grande hauteur, et le feu et le sol. On n'a pas besoin de voir cet accident pour être terrifié; cette purée infernale et les ardents reflets qu'elle projette au loin suffisent, la première fois, pour produire dans l'âme une impression ineffaçable. Mais les cyclopes de ces lieux y sont très-habitués; et de plus, on vient de découvrir un moyen bien simple pour éviter au moins tout le danger du contact. M. Boutigny avait vu l'eau se tenir en globule sur le métal incandescent, et en être séparée, parce que la couche inférieure, la plus chaude, se convertit en vapeur. Il pensa donc que, si l'on mouillait son doigt, toutefois non crevassé, on pourrait le tremper impunément dans le plomb en fusion, dont la température est de 330 à 400 degrés. L'eau absorberait même, pour changer d'état, la chaleur de la main. De plus, ajoute ce physicien, l'eau, à l'état sphéroïdal, a la propriété de réfléchir le calorique rayonnant. Du reste, tout le monde sait qu'elle a peu de conductibilité.

Dans son laboratoire, les dames, les enfants vont jouer avec le feu, et s'en passent la fantaisie. On a aussi impunément placé dans l'eau bouillante, un doigt imbibé d'éther sulfurique. Mais, pour la fonte liquide, dont la température est de 1,500 degrés, cela est-il possible? Oui, on peut plonger la main humide dans la fonte incandescente sans se rissoler la peau; et, tandis que les parties des mains, qui ne plongent pas, éprouvent une très-vive chaleur par le rayonnement du métal, l'extrémité, enfoncée dans le bain, a quelquefois une sensation de fraîcheur. L'alcool et l'éther, qui conviennent pour le plomb fondu, sont impropres pour les expériences que l'on voudrait tenter sur la fonte; ils s'enflammeraient. Il faut, pour ce second cas, frotter ses mains avec du savon, leur donner ainsi une surface polie, ensuite les tremper dans une solution froide de sel ammoniac saturé d'acide sulfureux, ou tout simplement dans de l'eau contenant du sel ammoniac, et, à son défaut, dans l'eau fraîche. Ordinairement, dans ces ateliers infernaux, on voit suer les hommes les plus endurcis au feu, et cette transpiration rend inutiles les autres préparatifs. On fait de cette main mouillée une cuiller avec laquelle on enlève la fonte en fusion, en la projetant de tous côtés, comme l'eau dans les bains. M. Perrey, de Dijon, assure avoir pataugé dans l'une de ces poches ardentes et sur une gueuse, en sorte qu'on pourrait les transformer en pédiluve. Il a fait cette expérience au Val-Suzon, dans la Côte-d'Or.

J'ai écrit, dit M. Boutigny, à mon ami le docteur Roché, qui passe son existence au milieu des hauts fourneaux de l'Eure. Il m'apprit qu'un nommé La Forge, homme de 35 à 36 ans, après avoir passé la plante du pied sur son pantalon pour qu'il ne restât pas de grains de poussière attachés à la peau, et après avoir enlevé le sable qui la recouvrait, marchait au pas, nu-pieds, sur la gueuse presque immédiatement après la coulée.

Plus tard M. Alphonse Michel, qui habite au milieu des forges de la Franche-Comté, m'écrivait :

Me trouvant à la forge de Magny, près Lure, un ouvrier me dit que rien n'était plus simple que de plonger le doigt dans la fonte incandescente sans se brûler ; et, pour le prouver, au moment où la fonte en fusion sortait d'un wilkinson, il passa le doigt dans le jet incandescent. Un employé de la maison renouvela la même expérience impunément ; et moi-même, enhardi par ce que je voyais, j'en fis autant.

De tels résultats, ajoute M. Boutigny, étaient assurément fort encourageants ; et, l'hésitation ne m'étant plus permise, j'ai expérimenté de la manière suivante : j'ai mouillé mon doigt, et l'ai enfoncé dans le bain de plomb fondu. Nulle sensation de chaleur ; mais, en revanche, une sensation agréable de fraîcheur, qui a quelque chose de velouté. J'ai répété cette expérience un grand nombre de fois, et je n'hésite pas à déclarer qu'elle est de la plus parfaite innocuité.

En résumé :

1° L'observation de la goutte d'eau jetée sur une pelle à feu chauffée à haute température, eau, qui, restant à l'état spéroïdal, ne la mouille pas ;

2° La répulsion entre une boule de métal, élevée au rouge-blanc, et l'eau qui s'en écarte respectueusement, laissant un espace vide de 2 à 3 millimètres : voilà ce qui a conduit à cette prodigieuse audace ; voilà ce qui a engagé de simples mortels à exécuter cette résolution, qui maintenant n'a plus rien de magnanime, et que tous peuvent imiter, sans le moindre danger.

Ce qui est encore plus étonnant, c'est la glace qui peut être formée au milieu de ces brasiers si ardents. En effet, si l'on y verse de l'eau, ou du mercure entouré d'acide sulfureux, l'acide enlèvera brusquement à l'eau, ou au mercure, la chaleur qui les maintient liquides ; l'eau et le mercure se congèleront subitement. Quelle magnifique expérience ! De la glace dans un creuset, où l'argent et le bronze se liquéfieraient ! Le mercure, qui, ne gelant qu'à moins 40 degrés, résiste au froid des plus cruels hivers, est solidifié sous l'action de la plus grande chaleur, que la science moderne puisse produire !...

C'est le Coney qui donne, par-dessus, le mouvement aux roues de la Manufacture. Il prend sa source, près de Xertigny, à un étang dont l'eau est divisée en deux branches. L'une forme le Coney, qui reçoit à Uzemain un petit ruisseau portant le même nom, passe à Tunimont, à Fontenoy-le-Château, après avoir fait rouler, par-dessous, la tréfilerie de la Pipée, et va se jeter dans la Saône, près de Chatillon.

L'autre rivière, nommée la Niche, partant du même étang, appelée Void-de-Cône, a son embouchure dans la Moselle. Celle-là porte ainsi ses eaux dans la Méditerranée; celle-ci dans la mer du Nord. C'est une preuve de l'élévation du plateau dans lequel ces rivières ont leur source. Près de ce plateau passe la route de Bains à Epinal. Il est à environ 440 mètres au-dessus du niveau de la mer. Xertigny, qui est plus haut, à peu de distance, a le sommet de son clocher à 507 mètres.

## CHAPITRE VIII.

### FONTENOY-LE-CHATEAU.

**I. Notions historiques. — II. Description. — III. Industrie, pratiques et croyances populaires. — IV. Gilbert.**

### I.

Depuis Bains, chef-lieu de canton, on a à parcourir 5 kilomètres pour se rendre à Fontenoy-le-Château, *Fonteniacum Castellum.* Il est situé dans une vallée très-étroite, traversée par le Coney et la route départementale que l'on voit blanchir aux deux côtés du bourg. On est à l'extrémité des Vosges, à quelques kilom. de la Haute-Saône. Les collines, qui dominent la vallée, sont à 320, 340 mètres au-dessus du niveau de la mer. La ferme d'Aubegné est à 346.

Fontenoy-le-Château, ancienne Baronnie, était le chef-lieu d'un comté considérable. Ce comté comprenait, outre Fontenoy-la-Côte, à droite de la rivière, Fontenoy-la-Ville, village situé dans la Haute-Saône, à 5 kilom., le Magny, Montmotier, Trémonzey, la Franouse, le Clerjus, le Moncel, Lassue, le Champ, le Buisson, Sous-le-Bois et une partie du Roulier, Xertigny, Hamercy, les Granges-Richard, le Bossey, le Haut-de-Xertigny, Hardémont, Haudomprey, les Forges-de-Sémouse et Allangis, La Chapelle, Grémifontaine, la Forest et les Forges-de-Ruaux.

On a trouvé à Fontenoy plusieurs médailles, entr'autres : l'une en argent au type d'Antoine, et une autre moyen-bronze avec un crocodile au revers : preuves évidentes du passage et du séjour des Romains dans ces lieux.

Dès l'an 1019, dit D. Calmet, il y avait des Seigneurs de la terre de Fontenoy en Vosges.

### Maison de Toul.

Ces Seigneurs étaient en même temps Comtes de Toul. Ainsi Raimbauld, Seigneur de Fontenoy et de Charmes-sur-Moselle, fit, en 1019, son serment entre les mains de l'évêque Bertholde pour le Comté de Toul.

### Maison de Lorraine.

Le Comté de Fontenoy passa dans la maison de Lorraine par le mariage de Mathieu, fils du Duc Mathieu premier, vers 1150, avec Béatrix, sa cousine, fille unique de Frédéric IV, Comte de Toul, et héritière de Fontenoy. Ce Mathieu mourut au Château de Fontenoy vers l'an 1190, d'où il fut transféré dans l'église de l'abbaye de Clairlieu, pour y mêler ses cendres à celles de son père. Frédéric, un de ses fils, fut Seigneur de Fontenoy.

### Maison de Bourgogne et de Neufchatel.

Cependant, par différents mariages, ce Comté fit partie des domaines de Bourgogne et de Neufchâtel. Quoi qu'il en soit de l'époque précise de l'incorporation, il est certain qu'elle a eu lieu avant 1395, puisque nous avons une charte datée du 1er octobre 1395, que Thiébaut, Seigneur de Neufchâtel et de Fontenoy, et Marguerite de Bourgogne, sa femme, donnèrent aux habitants en reconnaissance des services qui leur avaient été rendus. Elle règle les droits des Seigneurs et des bourgeois dudit lieu.

Elle établit que : *Lesdits bourgeois dudit Fontenoy y sont accoutumés de mettre et eslire, le lendemain de la feste de la Nativité notre Seignour, ung Maire, quatre Jurés, et un doyen; lesquels élus doivent faire serment, en l'église dudit Fontenoy et en la présence du chatelain dudit lieu, se bien et loyaulement gouverner, maintenir de leurs pouvoirs les droits et seignories du Seignour ou Dame dudit Fontenoy, de bien défendre aussi les us et coutumes dudit lieu.*

*Lesdits bourgeois doivent aidier, à lour Seignour ou Dame, les causes ci-après divisées :*

1° *Se il marie sa fille.*

2° *Se lourdit Seignour va outre mer.*

3° *Se il devient nouvaulx chevalier.*

4° *Se il était pris; ce que ja ne soit.*

5° *Lesdits bourgeois doivent chacun tant de sous à Pâques, à la S. Remy, à la S. Martin et au carême, etc. Et ay ledit Seignour ou Dame dudit Fontenoy toute justice, haulte, moyenne et basse sur lesdits bourgeois.*

*Droits des Bourgeois :*

1° *Lesdits bourgeois et bourgeoises puellent et doivent panre bois morts et vifs pour toutes lours aisances ès bois autour dudit Fontenoy, fuers que ès bois bannaux. C'est assavoir ès bois dits : le Bouley, la Fraisse, les Moutruches et le Fay, qui est dessous la ville dudit Fontenoy. Et est assavoir que quand lesdits bourgeois, ou aulcun d'eux, ont, ou auraient besoin de bois pour maçonner, ils ont accoutumé de en demander ès officiers et gouverneurs du Seignour, ou Dame dudit Fontenoy, lesquels leur en puellent donner, selon ce que le cas le requier ou le requiérait.*

2° *Lesdits bourgeois puellent paschier en la rivière: c'est assavoir à la truille, à la verge, au bout et à la main, exceptey au lieu qu'on dit le Romp, et dure dès le Moulin-aux-Moines jusqu'à l'entrée du Breuille.* (C'est depuis le moulin au milieu de Fontenoy jusqu'aux prés en allant à la Pipée.)

3° *Puellent vendre lesdits bourgeois et chacun d'eux leur héritage, ou partie d'iceulx.*

4° *Ledit Seignour ou Dame ne puellent panre homme ne femme, bourgeois ne bourgeoise dudit lieu, ce ce n'était pour cas de meurte, de larrecin, de trahison, ou d'amende adjugée que ne pehut, ou ne voulsist payer.*

5° *Si le cas advenait que l'on prit aulcun des bourgeois, ou ses biens et chevaulx, le Seignour ou Dame dudit lieu est tenu de les requerir et pourchaisser par toutes manières et d'en faire autant comme il ferait du meilleur de ses autres hommes.*

6° *Se aulcun des bourgeois et bourgeoises dudit Fontenoy voulait aller et partir dudit lieu, il en peut aller franchement et pourter et mener ses biens.*

7° *Lesdits bourgeois puellent chasser aux chiens sans qu'ils doivent point de droiture au Seignour ou Dame, excepté quand ils tendent cordes et autres herbiers.*

8° *Les clercs, pourtant abit et tonsure de clerc, ne doivent point payer de rentes; ne aussi ung homme qui se marie, qui ne fut oncques marié, ne paie point ladite rente pour la première fois qui se marie.*

9° *Que quand ung homme étrangier, qui ne soit homme du Seignour, vient par devers le maire ou les quatre jurés, et il veut être bourgeois, ils le peuvent recepvoir sans préjudice.*

Tels sont les principaux articles de cette charte fameuse, qui nous montre que cette domination était bien douce en comparaison de celle qui, depuis, fut exercée trop souvent. On voit au moins que, depuis ces chartes, l'autorité des seigneurs était limitée, n'était pas sans borne, comme l'ont répété bien des auteurs; qu'ils ne dominaient pas d'une manière absolue sur les biens et la personne de leurs sujets;

qu'ils ne leur imposaient pas des charges à volonté, selon leurs caprices, le haut et le bas, le plus et le moins. Les habitants n'étaient donc pas une propriété seigneuriale, comme on l'a tant enseigné. Le maître ne suivait pas, par son autorité, son sujet partout où il pouvait aller s'établir, ce qu'on appelle droit de main-morte, puisque dans cette charte on lit encore : *Que sur bourgeois et bourgeoise dudit Fontenoy n'a point de main-morte oncques qui fût* (personne).

Jean de Neufchâtel figure, comme seigneur de Fontenoy, dans un titre du 4 décembre 1456. Il était en même temps conseiller, chancelier du roi et du duc de Bourgogne.

### Maison de Dommartin.

De son fils Ferdinand naquit Anne de Neufchâtel, qui porta cette terre, vers l'an 1488, dans la maison de Dommartin, par son mariage avec Guillaume de Dommartin-sur-Vraine.

Mais ce Comté était alors peu prospère. Etant comme enclavé dans la Lorraine, il partagea tous ses malheurs. Le duc Réné, ayant été abandonné de Louis XI, se trouva seul en butte à la fureur des Bourguignons en 1475. Fontenoy ne céda aux soldats de Charles-le-Téméraire, qu'après avoir déployé une valeur héroïque. Il fut ainsi occupé par les Bourguignons en 1476 jusqu'en 1477, moment où ce prince alla tomber devant Nancy.

Guillaume de Dommartin, seigneur de Fontenoy, fut tué en 1525. Il eut pour fils Louis de Dommartin, comte de Fontenoy, qui vivait en 1546.

Le 6 septembre 1565 les officiers de la ville de Fontenoy demandèrent à ceux de Remiremont que, suivant l'usage établi entre les deux villes, leurs cobourgeois fussent maintenus en la franchise et exemption des gabelles du marché de Remiremont, comme les bourgeois de cette ville l'étaient et l'avaient toujours été à Fontenoy.

### MAISON DE CROY-D'HAVRÉ.

La fille de Guillaume de Dommartin, Diane, était en 1572 dame de Fontenoy. Elle porta ce Comté dans la maison de Croy-Havré par son mariage avec Charles-Philippe de Croy, marquis d'Havré. Diane vivait encore en novembre 1621.

C'est elle qui changea les armoiries, qui étaient d'azur à face d'argent, les remplaça par deux D grecs d'or entrelacés qui étaient son chiffre, et aussi le C de Croy. Sur l'une des cheminées du château, les anciens auteurs disent qu'on lisait, au bas des armes, cette devise : *J'aime qui m'aime, vive Croy.*

Ce Charles-Philippe est la tige des marquis ducs d'Havré. Il fut chevalier de la toison d'or, ambassadeur d'Espagne à la diète de Ratisbonne, où l'empereur Rodolphe II le créa prince du S. Empire. Il mourut en 1613, laissant ce Comté à son fils Ernest de Croy, qui épousa, en 1619, la fille de Bogeslas XIII, comte de Poméranie.

C'est sous Diane de Dommartin que Fontenoy arriva au plus haut point de sa grandeur. Comme nous le verrons plus tard, c'est elle qui fit construire la terrasse sur laquelle s'élèvent les tours, et probablement les tours elles-mêmes. J'ai reconnu dernièrement son chiffre et celui de Croy sur les murs de cette terrasse. Je pense que c'est pour récompenser la bonne volonté qu'elle avait trouvée dans les habitants de Fontenoy, et l'empressement qu'ils mettaient à seconder ses efforts pour l'élévation de ces monuments, qu'elle leur accorda, vers 1591, un titre contre elle, qui se trouve aux archives de la commune.

Mais voici au 17e siècle une longue époque de malheurs; des vexations de la part des Lorrains et des Suédois.

Pour réprimer l'audace des soldats de Charles IV, les bourgeois envoyèrent à ce prince un mémoire de leurs plaintes, et le duc rendit l'ordonnance suivante :

*Nous prenons, mettons et recevons, en une singulière protection et sauve-garde, la ville et faubourgs de Fontenoy en Vosges, et ne voulons pas qu'il y soit pillé, fourragé, n'y pris aucun timon, chevaulx, bestials, ou autre chose quelconque par nos soldats, que ce ne soit de gré et en payant raisonnablement ou de nos ordres exprès.*

*Nous vous défendons par les présentes, très-expressément et sous peine de punition exemplaire, de molester ni inquiéter, en aucune façon que ce soit, et de ne rien demander, si ce n'est en payant, ou de nos ordres.*

Mais ces maux n'étaient rien en comparaison des désastres de la guerre de trente ans, entre la Lorraine, l'Empire et l'Espagne d'un côté; et la France et les Suédois de l'autre. Comme la cause catholique était compromise par l'aillance des Français avec les Luthériens, les Lorrains coururent aux armes sans que le nombre les pût effrayer. Tant qu'ils eurent les armes à la main et du sang dans les veines, ils demeurèrent rangés sous Charles IV, et battirent, à Leipzic, le duc Veimar. Plus tard, ils empêchèrent les Suédois de faire le siége de Besançon. Charles IV était vif et ardent, doué de rares talents pour la guerre; mais, trop imprudent et pas assez politique, il ne sut pas arrêter les horreurs de cette guerre. Aussi la désolation fut-elle grande, non seulement en Lorraine, mais dans les pays voisins, ainsi au Comté de Fontenoy. Les Suédois, aussi terribles que la peste et la famine, ravagèrent les campagnes, et surpassèrent la cruauté des Huns sous Attila, se servant de la politique du cardinal de Richelieu pour donner la mort aux Catholiques. C'est sous leurs coups que tomba une bonne partie du château et des remparts.

En 1684, déjà après tant de pertes, il n'y eut plus d'héritiers de ces terrains considérables. Ils furent divisés en d'autres branches de la maison d'Havré. Une partie est passée à la maison d'Henning; car nous voyons Anne d'Henning, Dame de Fontenoy.

Au commencement du 18e siècle, Charles-Joseph de Croy, duc d'Havré, prince et maréchal de l'empire, grand d'Espagne, souverain de Fénétrange, Vicomte de Langle, jouissait du Comté de Fontenoy.

Vers le milieu du 18e siècle, cette terre fut possédée, par moitié, par Joseph, duc d'Havré, et Armand Dupaquier, baron de Dommartin.

## II.

On voyait encore, à la fin du siècle dernier, deux tours : une ronde et une carrée, dont il ne reste que des débris. Elles étaient intactes; on les a démolies avec de grandes peines pour en tirer des pierres à bâtir, quoiqu'on eût de belles carrières sur les lieux.

Des vieillards m'ont raconté que la tour carrée était deux fois plus élevée qu'elle ne l'est maintenant. On montait jusqu'à la plate-forme qui existe encore. Delà, quatre murs, sans toit, allaient à une grande hauteur. Cet espace a pu être occupé par des constructions en bois; ou bien, s'il était vide, c'était, en temps de guerre, le magasin des meubles des habitants.

La tour ronde avait à sa base une belle salle ; au premier, une chambre moins vaste, mais faite avec soin ; enfin, au-dessus, un escalier extérieur se terminant à la partie supérieure de l'édifice. Dans cette tour ronde, s'ouvrait un souterrain allant jusqu'aux Molières, pour introduire les vivres, ou échapper à l'ennemi en cas de défaite. On y marchait encore à 100 pas, à hauteur d'homme, vers la fin du siècle dernier.

Les anciens assuraient avoir vu le millésime des tours ; mais le lierre, qui couvre les murs des terrasses, avait déjoué déjà bien des curieux. Après plusieurs recherches, on vient de retrouver ce millésime. J'ai vu cette inscription au mois de décembre 1849. On ne peut découvrir que 1  96 ; le second chiffre manque à moitié.

Mais les deux D grecs entrelacés, ainsi que les C, ne m'ont laissé aucun doute sur l'époque de la construction de cette terrasse en 1596 ; elle a sûrement été élevée, et probablement aussi les tours, sous le gouvernement et par les ordres de Diane de Dommartin, dont elle porte le chiffre.

Les étrangers ne sortent pas de Fontenoy sans visiter ces tours, qui ont un aspect bien lugubre.

Le sentier, qui y mène, est difficile et passe entre les deux cimetières. Du reste, l'entrée est libre; aucune porte verrouillée ne barre le chemin. Dans quelques minutes, on est au sommet de la petite colline, au seuil de ces monuments si délabrés. On trouve d'abord la tour ronde, rongée presque jusqu'à sa base, et entourée d'un sol inégal, qu'occupent des voûtes effondrées, couvertes d'herbe et de ronces. Elle n'a que 5 mètres au-dessus du sentier. Au bas des terrasses, les pauvres habitants, luttant sans cesse contre les débris des édifices, cultivent quelques coins de terre dont ils font des jardins. Il n'est pas facile de monter, sans escalier, jusqu'à l'étage de la tour carrée. La plate-forme est à 9 mètres au-dessus du sol. On a, à sa droite, un grand mur à meurtrières et à fenêtre déformée, pan de mur sillonné de crevasses qu'occupent les lézards, les hirondelles et même des fleurs et des buissons. Ce mur est élevé de 11 mètres 5 centimètres au-dessus de la plate-forme, ce qui fait 20 mètres 5 centimètres pour toute la hauteur actuelle de cette ruine.

Ailleurs, c'est un immense paysage : on voit à ses pieds le bourg, dont les deux parties s'étendent sur les bords du Coney; plus loin, cette rivière échappant à la vue dans une vallée sinueuse dont la partie sud va se perdre dans l'ancienne Comté; en avant, une longue plaine, dominée par une chaîne de collines avec des bois superbes terminés par l'azur du ciel.

Ces coteaux dans toute leur beauté au moment où les cerisiers sont en fleurs, ces champs boisés, ces prés fertiles : toute cette vue agréable contraste singulièrement avec ces forteresses détruites. On descend l'âme remplie de tristesse, en se rappelant tant de puissantes et généreuses familles, enlevées une à une par le temps, comme les pierres de ces tours.

On assure qu'à Fontenoy il y a eu 10 mille habitants. On voyait, à la fin du 18e siècle, des pans de murs considérables autour du bourg, et des parties de portes assez bien conservées.

Une maison, située sur la colline en allant au Magny, appelée Château-de-Belle-Vue, était habitée par l'amodiateur des seigneurs. On se rappelle encore les deux fours *bannaux*, communs, où chacun devait aller cuire, et laissait un impôt pour les seigneurs.

Il y avait, à Fontenoy, un hôpital et une maison de capucins avec des chapelles, établissements fondés en 1626 par les sieurs de Mitry, et Grandjean, docteur en médecine. On en voit encore les bâtiments à l'extrémité du bourg, en allant à Vauvillers. Ces retraites du pauvre ont été entièrement saccagées à la révolution; comme tout bien mal acquis, elles n'ont servi à rien, et ont été vendues à vil prix.

L'église, à la fondation de laquelle le sieur Poirot a contribué, lit-on dans les anciens mémoires, renferme des constructions de différentes époques. Au chœur et à la sacristie, on voit l'ogive à lancettes, qui semble dater du 11e, ou du 12e siècle, sous le gouvernement de Raimbault, ou de la maison de Lorraine. Voici un texte qui se trouve sur un vieux livre, et qui est à l'appui de la première conjecture : *Un ancien Seigneur de Fontenoy a fait bâtir l'église dudit lieu, et construire le prieuré, le tout à ses frais, il y a* 800 *ans* (*date de ce jour* 12 *novembre* 1807.) Les flammes, qui sont dans les belles fenêtres surbaissées de la nef, annoncent un remaniement dans les siècles suivants. La chaire et les fonts baptismaux, quoique maladroitement retaillés, portent des marques d'une grande antiquité. On voit, autour des fonts supportés par trois lions couchés, les statues de plusieurs apôtres avec des écussons effacés. J'ai cru lire sur un : 1552. La sacristie était la chapelle des anciens seigneurs. Il y avait dessous un caveau pour leur sépulture. C'est là qu'a été ensevelie Yolande de Ligne, comtesse de Fontenoy, épouse de Charles-Alexandre de Croy, duc d'Havré, comte de Fontenoy. Elle est décédée au château le 23 août 1611.

On peut lire aussi l'épitaphe de Gault, seigneur de Détault en Bourgogne, mort à Fontenoy le 18 décembre 1773.

Latéralement, on entre par un portail, portant la date 1539 avec ces mots : *Respice finem.* C'est le bizantin venant se mêler au gothique, commencement de la renaissance ; on y voyait les statues de S. Pierre et de S. Paul, qui ont été renversées en 93 ; d'autres ont été mutilées. Le genre gothique, malheureusement badigeonné, a reçu en outre, au chœur, des ornements grecs tout à fait en désaccord avec le style. Ajoutez à cela cette montagne carrée de pierres, débris des tours, que l'on a élevée en avant avec un portail, aussi ridicule que coûteux, en place de l'ancien, où il y avait deux énormes statues, représentant Adam et Eve. Dans cette tour, on a placé trois excellentes cloches, dont on ne peut entendre, sans ravissement, la sonnerie en volée.

L'église a pour patron S. Mansuy. Il quitta, au quatrième siècle, l'Ecosse, sa patrie. Ayant entendu la voix du Rédempteur mort pour tous les hommes, il s'avança à la conquête de la terre qui lui serait montrée, n'ayant pour armes que l'amour de Dieu et du prochain. Il reçut à Rome la dignité épiscopale, et vint frapper aux portes de Toul, ville ensevelie dans les ombres du paganisme. Longtemps le juste, le libérateur fut persécuté. Mais, ayant rappelé à la vie le fils du Préfet, Mansuy eut le bonheur de voir ce gouverneur se convertir, et presque tous les habitants courber leurs fronts sous l'eau régénératrice.

Il éleva de superbes églises sur les ruines des temples des faux dieux, et envoya de zélés collaborateurs dans les Vosges ; où tous se donnèrent avec empressement au Dieu de Mansuy, qui leur promettait le bonheur dans le ciel, et, sur cette terre, la paix et la véritable liberté. C'est donc, à juste titre, que Fontenoy a choisi, pour patron, cet apôtre de la Lorraine, qui a opéré tant de prodiges, et dont les reliques ont guéri les malades et ressuscité les morts. Que de vœux lui ont été présentés dans ce temple, que de cantiques en son honneur, que de larmes versées devant son autel ! Il couvre, d'une protection toute particulière, la maison qui reçoit son image ; et, tous les ans le jour de sa fête, cette statue vénérée est portée, dans une procession solennelle, aux sons harmonieux des cloches, et aux acclamations d'un peuple reconnaissant et joyeux.

Sur le clocher a été placé un paratonnerre, longue barre métallique sans solution de continuité, allant communiquer dans la terre avec un corps, bon conducteur, ordinairement du charbon *calciné*, braise de boulanger. Sans cette précaution la foudre peut quitter le paratonnerre et aller frapper le clocher, comme cela est arrivé en 1832. Si un nuage orageux passe au-dessus, il décompose, par influence, son électricité neutre, refoule dans le sol le fluide de même nom, et attire dans la tige l'électricité de nom contraire. Celle-ci, obéissant à l'attraction du nuage, s'écoule continuellement par la pointe, et va, à chaque instant, neutraliser la matière fulminante, accumulée sur ce nuage. Un paratonnerre protège tous les corps placés, autour de lui, dans un rayon au moins double de la longueur de sa tige.

C'est là un résultat d'expérience qu'il ne faut pas perdre de vue dans leur construction. Ainsi un paratonnerre, dont la tige a 5 mètres de hauteur, préserve, autour de lui, un espace circulaire de 10 mètres de rayon, 20 de diamètre.

Nous avons vu à quelle dépendance était soumis ce bourg pour l'administration civile, et qu'il était plus favorisé que d'autres, ayant une charte et des franchises. Ajoutons qu'il a toujours conservé les us et coutumes de Lorraine, et qu'en 1790 on l'enclava dans le district d'Epinal et dans le canton de Bains. Au spirituel, il faisait partie du doyenné de Faverney et de l'archevêché de Besançon ; maintenant il est du diocèse de Saint-Dié.

## III.

La broderie, la fabrication des couverts et la distillation du kirsch-wasser occupent une grande partie de la population. Une bonne brodeuse peut gagner par jour 1 fr., 1 fr. 30 cent.

Il y a quatre maisons qui fabriquent des couverts : les maisons Fouché, Mathé, Mercier, Groscolas. Chacune expédie, par an, de 250,000 à 300,000 couverts, qui ont une valeur de 45,360 francs; le salaire moyen de leurs ouvriers est de 1 franc par jour. Avant d'être finie, une cuiller passe dans 22 mains, et une fourchette dans 32.

Le couvert est fabriqué avec du fer en barres, large de 20 à 25 millimètres, sur une épaisseur de 7 à 10 millimètres. Cette barre a été préparée au laminoir, dont on a vu la description. On la chauffe au rouge-blanc, ensuite on la présente au forgeron, qui, à l'aide de son *frappeur*, la travaille sur l'enclume. Pour faire une fourchette, il l'étire en forme de lame, à laquelle il donne ordinairement la longueur de 8 à 10 centimètres, sur une largeur d'environ 30 millimètres. Si c'est pour une cuiller, il la travaille en forme de poire, avec des dimensions différentes, selon la mesure indiquée. Ce premier travail terminé, cette tige est remise au four; ensuite une partie prend la forme d'une spatule. C'est là tout le travail du forgeron. Dès lors la cuiller et la fourchette subissent des opérations tout à fait diverses.

La fourchette n'est encore qu'une lame de fer. Pour former les dents, elle est chauffée, puis présentée à une machine, qui, attachée à un balancier, s'élève et s'abaisse. Cette machine consiste en un appareil de lames d'acier, dont l'épaisseur égale celle des dents qu'aura la fourchette. Ces lames s'emboîtent les unes dans les autres, comme les lattes de l'instrument destiné à battre le chanvre. Que l'on place la partie large sur la lame inférieure, au moyen du balancier, il y a une forte pression, et des sillons sont creusés entre les dents. La fourchette, ainsi découpée, reçoit la mesure voulue, perd bientôt sa forme brute entre deux outils à compression employés pour arrondir. Ces outils offrent une rainure qui reçoit la dent dans sa cavité, pendant qu'un marteau réunit parfaitement ces tiges de fer, qui ont, entr'elles, cette rainure, ou matrice.

Les progrès de la mécanique ont enlevé même ce dernier travail à la main de l'homme. Si maintenant, avec ce moyen, les surfaces sont mieux travaillées, le fer, vivement comprimé, s'écrouit trop et devient plus cassant. Le couvert passe entre les mains du ciseleur qui enlève, au burin ordinaire, ou à la mécanique (car ici encore le progrès a fait invasion), les irrégularités qui se voient ordinairement à la *spatule* et au *talon*. Les dents sont appointées par le limeur ; il y a un reçuit, afin que, pour le *planage*, le fer soit plus souple et plus apte à prendre différentes formes.

Nous avons vu que le forgeron donne, à une extrémité de la lame de fer dont on fera la cuiller, la forme d'une poire, et à l'autre, celle d'une spatule. Le ciseleur soumet à un *emporte-pièce* cette poire, ou le *palton* (pour parler le langage de l'ouvrier). L'*emboutisseur* la place sur une étampe, petit bloc d'acier creusé, dans lequel s'enfonce un noyau. La poire est entre ce noyau et l'étampe ; par la percussion, elle prend une courbure en forme de barque. C'est la partie la plus difficile de la fabrication ; il faut beaucoup d'adresse pour bien diriger le noyau et le faire entrer directement dans l'étampe. L'étamage des couverts se fait comme celui du fer-blanc.

Le planage donne un brillant plus vif au couvert, au moyen d'une petite enclume et d'un marteau parfaitement polis. Il reçoit ensuite une forme, que l'on appelle *cambrure*. Il ne reste plus qu'à le marquer au coin du fabricant ; cette marque est ordinairement placée au milieu de la tige.

Voici la manière de faire le kirsch :

Les cerises, cueillies bien mûres, sont placées dans un tonneau défoncé qui est debout, dans lequel elles fermentent pendant deux mois environ. Il se forme par-dessus une croûte que l'on jette. Le distillateur dispose son alambic. Il met au fond, dans la cucurbite, deux bâtons croisés l'un sur l'autre ; puis une torche épaisse de paille de seigle, bien arrangée, afin que les cerises ne passent pas ; ensuite deux autres bâtons, croisés sur cette paille, serrés fortement contre les parois de l'instrument, afin qu'il n'y ait pas de dérangement dans la paille pendant la cuite ; dessus les cerises avec leur jus, plus ou moins selon la capacité de l'alambic; enfin le couvercle, qui porte le nom de chapiteau. On le fait joindre avec le serpentin, placé dans un tonneau défoncé où il y a de l'eau froide. Le feu est allumé, mais on le diminue bientôt peu à peu, parce qu'il faut que la liqueur coule doucement. Les vapeurs des cerises vont se condenser dans le serpentin froid, et se convertissent en liquide, qui est le kirsch, en laissant leur calorique au réfrigérant et à l'eau changée de temps en temps. On le reçoit dans le même vase tant qu'il a le degré voulu, indiqué par l'aréomètre. Après, on laisse venir, dans un autre vase, la petite eau que l'on recueille tant qu'elle brûle encore, si elle est jetée sur le feu. Quand elle ne brûle plus, elle ne vaut plus rien; elle ne renferme plus assez d'alcool. La première petite eau est remise dans l'alambic pour une autre cuite, que l'on ne commence pas sans avoir préalablement remplacé la paille.

Dans l'octave de la Toussaint, on entend, à Fontenoy, des crieurs de nuit. Ils tiennent d'une main un bâton surmonté d'une lanterne, de l'autre une clochette, et parcourent, pendant huit jours, les rues à minuit, en criant d'une voix lamentable : ***Pensez à la mort, priez Dieu pour les fidèles trépassés. Requiescant in pace.***

On est dans l'usage de sonner une cloche vers neuf heures du soir en hiver, et dix en été; c'est ce qu'on appelle la retraite ou le couvre-feu. Cette sonnerie rappelle aux pensées sérieuses, et peut guider le voyageur égaré; cependant cet usage ne paraît pas remonter à une haute antiquité.

On assure qu'à Fontenoy on ajoutait anciennement beaucoup de foi aux sortiléges. On cite quelques personnes, dont plusieurs redoutaient la puissance.

## IV.

Fontenoy-le-Château est la patrie de Gilbert. On y trouve une de ses nièces et un neveu à Montmotier. Il ne leur reste que quelques linges du poëte et l'inventaire de son mobilier. On vous montrera la maison de son père, appartenant à M. Piquet, celle de sa mère aux Molières. Ce n'est pas même immédiatement après sa mort qu'on lui accorda la gloire qui lui est due, puisqu'on lit dans un article d'un journal de Nancy (1781) :

« Gilbert, poëte, auteur de quelques odes excel-
» lentes et de satires trop vives et personnelles,
» mourut à Paris le 16 novembre 1780, à l'Hôtel-
» Dieu, et fut enterré à Saint-Pierre-aux-Bœufs.
» Il excitait sa verve par le champagne ; et, en pré-
» sentant au feu sa tête trop exaltée, il déclamait
» ses vers en énergumène. »

Sa verve, disait la Harpe, n'est qu'un égoïsme furieux, un emportement monotone et insensé.

La postérité a bien réhabilité la mémoire du poëte malheureux.

Nicolas-Joseph-Laurent Gilbert naquit en 1751. Ses parents, simples cultivateurs, prirent un tel soin de lui, qu'à 12 ans ses études étaient achevées au collége de l'Arc, dans la ville de Dôle. Son bon maître, dit-on, se flattait d'avoir fait des poëtes de tous ses élèves, un certain Gilbert excepté. A l'âge de 21 ans il apporta à Paris ses débuts, qui, contre les prévisions de son professeur, annoncèrent un poëte. Le pauvre Vosgien se flattait en vain d'y trouver bon nombre d'admirateurs. Il ne reçut que quelques encouragements et quelques bienfaits de la part de Fréron, l'abbé Grosier qui le présenta à Monseigneur l'archevêque de Beaumont. Celui-ci lui remit

25 louis et lui fit obtenir, par M. de Vergennes, une petite pension continuée jusqu'à sa mort. Il n'eut aucun succès dans les concours académiques, non seulement par son poëte malheureux, mais pas même avec sa fameuse ode sur le jugement dernier. Au rapport de littérateurs impartiaux, on couronna des pièces bien inférieures.

Cependant un personnage, marquant dans la coterie lettrée de ce siècle pervers, vint un jour, avec un air bienveillant, trouver le poëte dans sa pauvre mansarde, fit l'éloge de sa disposition pour la poésie et de son amour pour l'étude. Engagez-vous dans notre parti, ajouta-t-il; entrez dans la ligue puissante que nous avons formée pour détruire la religion, je vous promets gloire et richesse.

Quelques vers adulateurs et irréligieux auraient pu conjurer l'orage, et placer Gilbert au sommet de la fortune et des honneurs; mais il avait écrit :

Mon nom ira sans tache à la postérité.

Gilbert refusa. Plutôt mourir !.., écrivait-il à ses parents; et il demeura vertueux dans la pauvreté.

Indigné de révoltants abus, il avait embrassé la satire, genre de poésie qui, encore mieux que l'ode, convenait à son talent. Il s'y livra avec une hardiesse dans les idées, une tournure saillante, neuve, et une manière ferme dans le jet du vers qu'ont reconnues ses adversaires les plus déclarés. C'est une véhémence continuelle et bien juste contre la corruption du siècle, contre les erreurs qui blessaient la sainteté des dogmes de la religion, surtout contre les systèmes téméraires de l'homme égaré et le goût dépravé des écrivains. Bientôt ses vers, appris par cœur, le firent sortir de l'obscurité. Tous se moquèrent de la Harpe :

Qui, sifflé pour ses vers, pour sa prose sifflé,
Tout meurtri des faux pas de sa muse tragique,
Tomba de chute en chute au trône académique.

S'élevant contre l'irréligion qui menait la France à la barbarie, il s'écrie :

Un monstre dans Paris croît et se fortifie,
Qui, paré du manteau de la philosophie,
Que dis-je ? de son nom faussement revêtu,
Étouffe les talents et détruit la vertu.
L'univers, si l'on croit ce novateur moderne,
Fils du hasard, n'a point de Dieu qui le gouverne ;
La mort doit frapper l'âme ; et, roi des animaux,
L'homme voit ses sujets devenir ses égaux.
. . . . . . . . . . . . . . . . . . . . . . . . . . . . . . . . .
Je veux, de vos pareils ennemi sans retour,
Fouetter d'un vers sanglant ces grands hommes d'un jour.
Philosophe, excusez ma candeur insolente ;
Je crois, plus je vous lis, la satire innocente.

On vit alors se déchaîner contre l'auteur toute la secte philosophique, qui ajouta l'injure à la critique. Son imagination lui représenta encore les obstacles plus grands et ses ennemis plus nombreux. Le travail et le chagrin altérèrent sa santé. Porté à l'Hôtel-Dieu, et visité par un chanoine de son choix, qui allait rendre compte de l'état du malade à M. de Beaumont, son protecteur, Gilbert tomba dans le délire, et avala la clef de sa cassette, persuadé que ses adversaires venaient mettre la main sur ses œuvres. Mais avant il avait eu recours à la religion de ses pères, que jamais il n'avait oubliée, qu'il avait défendue. Ce sont les sentiments qu'il exprime dans la pièce qui commence par ce beau vers :

J'ai révélé mon cœur au Dieu de l'innocence.

C'est le chant du cygne, composé huit jours avant sa mort.

Soyez béni, mon Dieu ! vous qui daignez me rendre
L'innocence et son noble orgueil ;
Vous qui, pour protéger le repos de ma cendre,
Veillerez près de mon cercueil !

Au banquet de la vie, infortuné convive,
J'apparus un jour et je meurs!
Je meurs; et, sur la tombe, où lentement j'arrive,
Nul ne viendra verser des pleurs!

Salut, champs que j'aimais et vous douce verdure,
Et vous riant exil des bois!
Ciel, pavillon de l'homme, admirable nature,
Salut pour la dernière fois!

Peut-on désirer des sentiments plus touchants et plus vrais, un style plus pur, plus élégant, plus antique.

La Harpe n'a pu s'empêcher d'écrire: « Dans le peu » qu'il a laissé, on trouve des morceaux de verve et » des vers bien frappés. »

Enlevé à la France, à l'âge de 29 ans et quelques mois, ce poëte Vosgien a fait regretter, pour la satire, un second Juvénal; pour l'ode, l'émule de Malherbe, de Racine et de Rousseau.

Qui visiterait, sans émotion, les lieux qui ont vu naître ce génie malheureux, dont la vie, en butte à tant de persécutions, a été trop tôt terminée dans les angoisses d'une cruelle agonie; ces lieux, dont les échos, frappés par les voix des étrangers, répètent bien souvent:

O rives de la Saône, où ma faible paupière,
A la clarté des cieux, commença de s'ouvrir,
Lieux où l'on sait au moins respecter l'innocence,
Vous ne me verrez plus! Mon dernier jour s'avance;
Mes yeux se fermeront sous un ciel inhumain.
Amis! vous me fuyez, cruels! Je vous implore,
Rendez-moi ces pinceaux échappés de ma main....
Je meurs!.... Ce que je sens, je veux le peindre encore.

Les meilleures notices sur Gilbert, sont celles de Charles Nodier, d'Amar, du comte de Puymaigre. M. Dumast a fait son éloge, qui a été couronné par la société académique de Nancy le 3 juillet 1817.

On espère toujours qu'on élèvera, dans sa patrie, au poëte malheureux, une belle statue que tous salueraient comme un témoignage d'une juste admiration et d'un profond regret!

## APPENDICE MÉTÉOROLOGIQUE.

Puisque, pour le baigneur, la promenade est non seulement de chaque jour, mais presque de chaque heure; puisque sa santé dépend beaucoup de l'état de l'atmosphère, je dirai quelques mots sur les pronostics de ces variations atmosphériques, qu'il lui est si important de connaître.

Voici les indices de la pluie et de l'orage.

### I.

### INDICES DE LA PLUIE.

Comme il est impossible d'annoncer, bien à l'avance, le temps qu'il fera tel ou tel jour de l'année, nous mettons de côté, comme trompeurs, tous les calendriers.

Que le baigneur se rappelle en outre que le baromètre l'indique généralement, mais pas toujours.

Quelle que soit la cause de l'abaissement du mercure : soit les vapeurs d'eau moins pesantes que l'air, soit plus probablement la dilatation de l'air, dilatation, suite de la température produite par un vent chaud, qui toujours est humide ; dans ces deux théories, qu'un vent du nord vienne à souffler, il emporte les vapeurs; il ne pleut pas dans ce lieu, et cependant la colonne s'est abaissée. Il pleuvra ailleurs tout à coup, sans que le mercure ait eu le temps de descendre avant cette averse. Voilà une des nombreuses raisons pour lesquelles cet instrument n'a pas l'infaillibilité. On peut avoir des pronostics de la pluie par les astres, les météores, certaines substances, les plantes, les animaux et l'homme.

### Les astres.

1° Les cercles blanchâtres autour du soleil ; pendant le lever de cet astre, l'orient ayant une couleur rouge foncé. Nuages blancs se colorant en rouge, quand ils passent entre le soleil et la terre.

2° Des couronnes autour des étoiles ; étoiles plus grandes, plus scintillantes, semblant plus rapprochées les unes des autres.

3° Lune entourée de cercles, ou voilée par d'épais et de nombreux nuages, ou pâle avec des cornes troubles.

*Pallida luna pluit, rubicunda flat, alba serenat.*

### Les météores.

1° Si dans le ciel se montrent des nuages en flocons blancs, appelés *cumulus*, il n'y a pas assez de vapeur pour donner de la pluie. Les *cirrus*, nuages noirs, semblables à des cheveux crépus, ou à des pinceaux, ou à une espèce de réseau, occupent-ils ensuite la partie supérieure de l'atmosphère : c'est l'indication d'une plus grande quantité de vapeurs ; surtout si les *stratus*, nuages en forme de bandes, sont en même temps à peu de distance de la terre. Bientôt se forment les *nimbus* si effrayants par leur noirceur, signes plus prochains et infaillibles.

2° Le brouillard, qui n'arrive que vers midi, ou qui a séjourné longtemps dans l'atmosphère, ou qui parvient à s'élever en nuage. S'il sort des bois humides et échauffés, comme une fumée épaisse, ou des rivières sur lesquelles il est demeuré pendant longtemps.

3° L'arc-en-ciel bien coloré et double. Les objets paraissant plus rapprochés à cause de la réfraction de la lumière dans la vapeur d'eau. Les premières gouttes de pluie formant des bulles sur l'eau.

4° Si les vents d'est et du nord, (Eurus et Borée des anciens), annoncent un temps sec et serein ;

ceux d'ouest et du sud, (Zephyrus et Notus), un temps pluvieux. Ce n'est donc pas sans raison que l'œil s'attache sur la girouette qui montre leur direction, et que l'oreille est attentive aux sons qu'ils propagent. Entend-on à la Manufacture les cloches de Fontenoy, ou, près de Bains, le son des marteaux, on s'attend à la pluie; la sonnerie de Bains, au Moulin-au-Bois, indique le beau temps.

### Quelques substances.

1° L'humidité sur les pierres des murs, sur le sel, sur le fer des escaliers, sur le verre des fenêtres, sur le marbre, les pierres; le gonflement des portes : ces signes, comme tous les hygromètres, sont surtout remarquables avant les dégels. Ils ne sont que très-éloignés, parce qu'ils n'indiquent que l'état du lieu où ils se trouvent, et non de toute la colonne atmosphérique.

2° On est plus certain, si l'on voit la suie se détacher de la cheminée, et la fumée rentrant dans la maison, ou s'arrêtant dans les rues au lieu de s'élever dans l'air.

### Les végétaux.

Le souci n'ouvre ses fleurs qu'à moitié. Le laiteron s'épanouit. L'acacia incline tristement ses rameaux. Le trèfle relève ses feuilles inclinées.

### Les animaux et l'homme.

1° Les araignées de jardin n'attachant que de courts fils pour leurs toiles, rentrant tout à fait dans leurs demeures, ou s'y tenant à moitié cachées.

2° Les abeilles s'écartant peu de leurs ruches, et y arrivant en foule avant la nuit.

3° Les hirondelles effleurant la surface de la terre ou des eaux, pour prendre les moucherons et autres insectes qui descendent un peu avant la pluie.

4° Les pigeons rentrant au colombier plus tard qu'à l'ordinaire.

5° Les moineaux gazouillant plus fort et plus longtemps que de coutume.

6° Les poules se roulant souvent dans la poussière. Les coqs chantant tard et pendant la nuit.

7° Les canards criant et volant çà et là en se jetant de l'eau.

8° Les corbeaux posés sur les arbres, avec un croassement clair.

9° Les carpes rodant à la surface des eaux pour prendre les moucherons, qui se tiennent au bas de l'atmosphère.

10° Si, dans l'été, en frottant un chat dans l'obscurité, l'extrémité des poils ne devient pas lumineuse.

11° Si les taupes labourent la terre plus que de coutume.

12° Si les grenouilles coassent plus longtemps qu'à l'ordinaire, et sortent de l'eau parce qu'elles trouvent beaucoup de vapeurs dans l'air. De même, si celle que l'on a mise dans un bocal avec de l'eau et une échelle, monte sur cette échelle hors de cette eau.

13° Si les personnes, sujettes aux maux de nerfs, ressentent du malaise. S'il y a démangeaison chez celles qui sont affectées de rhumatismes ou de goutte; affligées d'amputation de membres, de durillons, de cors, ou d'engelures. Les exhalaisons arrivant plus fortement à l'odorat. Les sons entendus dans le lointain et d'une manière plus distincte.

Voilà quelques pronostics de la pluie.

## II.

## DE L'ORAGE.

### Pronostics.

1° Si, par un temps chaud, on voit le soleil levant

se couvrir d'épaisses masses de nuages qui le masquent, on peut s'attendre à un orage pour la soirée.

2° Croisement rapide des nuages.

3° Brouillards épais se réunissant en masses noires dans certains points du ciel.

4° Cercles jaunes autour de la lune. Etoiles perdant presque subitement leur clarté et leur scintillation.

5° Absence du vent par une excessive chaleur.

6° Tourbillons de vent, formant des entonnoirs qui se déplacent parallèlement à eux-mêmes en obscurcissant les routes de poussière.

7° Attaque de la part des abeilles; entrée des mouches dans les maisons.

8° Les bœufs se rassemblant dans les prairies, pressés les uns contre les autres et paraissant inquiets.

9° Les brebis se mettant mutuellement la tête sur le dos, et restant longtemps immobiles dans cette position.

10° Le tonnerre du matin amène du vent; celui de midi, de la pluie; et celui du soir, de l'orage.

11° Par l'intervalle entre les coups de tonnerre et les éclairs, se rappelant que le son parcourt 340 mètres dans une seconde, on juge si l'orage s'approche ou s'éloigne, augmente ou diminue.

On peut, par les indices suivants, connaître si l'on aura de la grêle dans l'orage qui va éclater :

1° Si des *cirrus*, ou pinceaux noirs, se sont montrés sur des nuages élevés et de couleur cendrée, différents par leur forme et leur direction.

2° Si, d'un nuage à un autre, on a vu longtemps briller l'éclair, mais pas entre le ciel et la terre.

3° Si, sans explosion violente, le tonnerre a grondé comme un déchirement continuel, ou comme le roulement de tambours voilés d'un crêpe funèbre, roulement entrecoupé de sifflements nombreux.

4° Si ces roulements sinistres sont accompagnés

d'un autre bruit plus faible, semblable à celui d'une cascade lointaine.

5° Si les bords des nuages sont déchirés et divisés en plusieurs lambeaux, pendant presque jusqu'à terre.

6° Malgré le calme de l'air, si l'on voit des tourbillons de poussière s'élever çà et là, et les feuilles des arbres agitées par l'électricité.

7° Si, au milieu d'une obscurité profonde, les lieux, déjà battus par l'ouragan, disparaissent totalement à la vue.

8° L'arc-en-ciel ne se forme pas sur les nuages qui ne contiennent que de la grêle, quoique le soleil luise du côté opposé. Ses teintes sont lavées sur ceux qui ont un mélange de pluie et de grêle.

9° Les animaux se cachent et se taisent; toute la nature est dans un morne silence.

Outre les ravages occasionnés, dans presque tout le canton, par la grêle de 1807, Bains et Les Voivres ont beaucoup souffert, par un vent du sud-ouest, dans l'affreuse journée du 29 juillet 1822, année dont la perte a été évaluée, pour tout le département, à 1,822,270 francs. Le 29 juillet 1834, les dommages, à Viioménil, s'élevèrent à 2,386 francs.

### Effets de la foudre.

La foudre est aussi bizarre que terrible dans son action. On la voit circuler dans une chambre de la manière la plus capricieuse, sautant d'un objet sur un autre, suivant en général les corps métalliques et meilleurs conducteurs : ainsi les cordons des sonnettes, les dorures, les pincettes, les clous des bottes et les espagnolettes des croisées. Souvent on la voit creuser le mur, parce que, dans son épaisseur, il y a quelques pièces de fer.

On cite un cas où la foudre, pénétrant dans une

église, fondit certaines dorures, grilla les burettes d'étain placées dans une petite armoire, et perça une crédence de bois peinte de deux trous parfaitement ronds. Plus tard, les réparations faites, elle reprit le même chemin.

Au mois de septembre 1852, vers 6 heures du soir, un orage affreux s'abaissa sur Fontenoy, avec des éclairs très-éclatants, de fréquents coups de tonnerre et une pluie torrentielle. Tout à coup un éclair, accompagné d'un coup de tonnerre encore plus terrible, illumine l'église pendant plusieurs secondes. L'électricité quitta le paratonnerre, alla frapper la petite cloche, qui rendit un son assez aigu en se fendant. Un séminariste, qui était alors dans l'église, a senti le fluide électrique se répandre dans tous ses membres.

Ce qui prouve bien que l'électricité a la propriété d'aimanter le fer, c'est l'aimantation des paratonnerres, qui est tellement intense, qu'en frottant sur le conducteur des lames d'acier, on leur donne la propriété magnétique. Pour éviter tout danger, cette expérience, souvent renouvelée à Fontenoy, doit se faire avec précaution par un temps serein.

A Bains, la foudre est tombée sur une maison en faisant, dans le toit, une ouverture conique, c'est ce que l'on remarque souvent, même dans la pierre qu'elle vitrifie. On voit ces ouvertures sur les rochers des sommets des montagnes, et on les appelle : *tubes fulminaires*. L'incendie s'est déclaré dans cette maison, on s'en est facilement rendu maître, résultat qui est opposé à la croyance populaire, nullement fondée, qui assure que l'on ne peut éteindre ces flammes. On ne prouve pas comment le calorique aurait, dans ce cas, cette propriété particulière.

En 1838, à Bains, la foudre a brisé les clous d'une porte, sans cependant nuire à personne.

Quand elle pénètre dans l'intérieur des corps des animaux, la foudre provoque des lésions qui amènent une mort presque instantanée, souvent une prompte putréfaction, ou des brûlures profondes, ou le brisement des os sans aucune trace de plaie.

A Bains, elle a frappé plusieurs animaux : un jour treize brebis, qu'elle attaque de préférence, ainsi que les chevaux; une autre fois elle tua deux bœufs, mais sans apparence de blessures, seulement on enlevait très-facilement leur poil avec la main.

Les métaux sont fondus et même volatilisés, les substances combustibles enflammées, et des masses d'un grand poids transportées au loin. Le plus souvent le bois se fend, mais ne se carbonise pas. L'eau de l'intérieur des corps est convertie en vapeur, et rien ne résiste à sa force expansive; elle brise les pierres, lézarde les murs, fend le bois, suivant sa longueur, en une multitude de lattes minces et de filets très-déliés.

Sur 20 arbres, frappés annuellement dans tout le département, le canton de Bains n'en a pas souvent. On se rappelle seulement avoir vu à Bains 2 ou 3 arbres fracassés. On raconte aussi qu'en 1835 deux cerisiers ont été brisés sur la colline, près de la nouvelle route, par laquelle on arrive de Bains à Fontenoy. Un hêtre a été atteint sur le bord du chemin de la Pipée. Après avoir arraché l'une des principales branches, le courant électrique a passé sous le chemin, renfermant des substances métalliques, et est allé sortir près de la rivière, où il s'est perdu dans l'eau, corps bon conducteur.

L'effet est produit pendant la durée presque insaisissable de l'éclair; une fois qu'il a sillonné l'espace est a disparu, le reste, qui nous épouvante, n'est qu'un vain bruit que l'on ne doit pas craindre.

**Précautions à prendre pendant l'orage.**

Dans les maisons:

1° On n'aura aucun métal dans ses vêtements.

2° On doit éviter le voisinage des cheminées, dont la suie conduit la foudre.

3° On s'éloignera des métaux, des glaces à cause de leur train, des dorures et des lustres.

4° On touchera le moins possible les murs et le plancher. L'expérience a prouvé que la soie et le verre, qui garantissent beaucoup, ne mettent cependant pas à l'abri de tout danger.

A la campagne:

1° Il est imprudent de courir, parce qu'on laisse, derrière soi, un vide dans lequel se répandrait l'éclair.

2° Plusieurs se débarrassent de leurs souliers; et, si le danger est imminent, se couchent sur le sol.

3° Il vaut mieux rester dans la forêt que de se placer sous un arbre isolé. Car, si l'on est sous un arbre dans les champs, il attire la foudre qui, en passant près du corps humain, meilleur conducteur, le suit pour se rendre dans le sol. Obligé de rester sous des arbres, on choisira les moins élevés, évitant le hêtre, mais surtout le chêne. Le meilleur moyen est de se tenir à quelques mètres d'un arbre; la foudre suivra cet arbre, surtout s'il est élevé.

4° Quand l'orage est rapproché, la raréfaction de l'air par le son des cloches, peut attirer la foudre. La corde sert de conducteur à l'électricité, et le sonneur, qui la tient à la main, sera foudroyé. Mais, quand l'orage est encore à distance, on peut l'éloigner en sonnant.

SAINT-DIÉ, IMPRIMERIE DE ED. TROTOT.

www.ingramcontent.com/pod-product-compliance
Ingram Content Group UK Ltd.
Pitfield, Milton Keynes, MK11 3LW, UK
UKHW021619260726
13965UKWH00007B/1112